AF393915

Stefan Heller

Verkaufen einfach – einfach verkaufen!

Noch erfolgreicher, sicherer, qualifizierte Termine und Umsatz durch wirksame Techniken aus Vertrieb & NLP!

Impressum und Urheberrecht

Bibliografische Information der Deutschen Nationalbibliothek: Die Deutsche Nationalbibliothek verzeichnet diese Publikation in der Deutschen Nationalbibliografie; detaillierte bibliografische Daten sind im Internet über http://dnb.dnb.de abrufbar.

© 2024 Stefan Heller

Bilder: Dominik Pfau, Stefan Heller; Nina Heinl / wildesleben.pic-time.com
Texte: Stefan Heller

Verlag: BoD · Books on Demand GmbH, In de Tarpen 42,

22848 Norderstedt

Druck: Libri Plureos GmbH, Friedensallee 273, 22763 Hamburg

ISBN: 978-3-7693-1431-1

These:

„Es gibt zwei Arten von Menschen, die Mangeldenker und die Möglichkeitsdenker!"

Werde aktiv und nutze Deine Möglichkeiten!

Weitere Informationen und Kontakt

findest Du unter:

www.stefan-heller.com

Anmerkung zur genutzten Sprache:

Dialog zwischen Teilnehmer und Trainer wurde bewusst gewählt, um einen etwas anderen

Rahmen im Buch zu schaffen.

Stefan gendert aus Überzeugung nicht.

Du Anrede Du, Wir, Ihr wurde bewusst zur persönlichen Ansprache gewählt.

Inhalte / Kapitel

1.   **Vorwort Stefan Heller & Julien Backhaus**

2.   **Einleitung**

3. **Drei Pfeiler für Ihren Erfolg**

   Einstellung – Wissen Marketing & Vertrieb – Verkäuferisches Können & Fähigkeiten

4. **Die Einstellung**

   4.1. Meine Hausaufgaben/Vorbereitung

   4.2. Wie motiviere ich mich selbst?

4.3. Was bedeutet das Unternehmen für mich?

4.4. Was bedeutet mein Produkt/meine Dienstleistung, die ich vertreibe, für mich?

4.5. Was bedeutet der Kunde für mich?

4.6. Glaubenssätze erkennen und „Ich"-Botschaften verwenden

4.7. Angemessener Umgang mit vermeintlichen Niederlagen

5. Das Wissen

5.1. Was weiß ich über das Produkt/die Dienstleistung?

5.2. Was weiß ich über den Markt, Marketing & Zielgruppe

5.3. Was weiß ich über meine potentiellen Kunden? Der Erfolg liegt in der Liste!

5.4. Reicht mein verkäuferisches Können?

6. Das Können

6.1. Die Struktur des Verkaufens (Rezept)
6.2. Einstieg in die kalte Akquise (Rezept)

6.3. Begrüßung

6.4. Aufmerksamkeitsphase

6.5. Beziehung/Rapport (guter Kontakt) herstellen

6.6. Wertschätzung

6.7. Bedarfs- und Kundenanalyse

6.8. Fragetechnik

6.9. Die Meta-Modell-Fragetechnik

6.10. Neurologische Ebenen

6.11. Meta-Programme

6.12. Präsentation der Angebote

6.13. Kommunikationsstrategien

- Schwache Sprachmuster
- Personenbezogene Anrede
- Einwandbehandlung
- E.W.A.F.-Strategie
- Reframing/Umdeuten
- Paraphrasieren
- „Happy Hypos" und „Magic Wors"

6.14. Preisgespräch/Investition und Vorabschluss

6.15. Abschluss mit future pace (Blick in die Zukunft)

6.16. Angebot und Nachfassen

6.17. Erfolge feiern und weiter geht's

7. BONUS Material

7.1. Bumerang - Methode

7.2. Ampelschaltung mit dem TZI Modell

7.3. Salz in die Wunde - Taktik

7.3. Wer ist Stefan Heller

7.4. Kundenstimmen O – Ton

7.5. Quellen

8. Nachwort

Vorwort

Lange Zeit habe ich mich mit dem Gedanken beschäftigt, ob ich dieses Buch schreiben soll, obwohl es doch schon so viele zum Thema Vertrieb gibt? Nach reiflicher Überlegung habe ich den Entschluss gefasst, dass es sogar dringend notwendig geworden ist! Unternehmen und Selbständige sind verzweifelt über den Umsatz – Rückgang und gerade in Zeiten der Vergleichbarkeit führt das zu wirtschaftlicher Schieflage und drohender Insolvenz. Das Unternehmen hängt am Tropf des Vertriebs und gerade deshalb ist die verkäuferische Fähigkeit letztlich ausschlaggebend.

Genau das ist aber der springende Grund!

Der Verkäufer oder die Führungskraft, der Selbständige oder Unternehmer weiß heute schon gar nicht mehr so genau, was denn jetzt das richtige Erfolgsrezept ist und wie er sich zum Spitzenverkäufer entwickeln kann. Oft gibt es nur Anregungen ohne Lösung.

Soll er jetzt hart oder soft sein, soll er jetzt emotional oder rational auftreten, was und wie soll er denn heute sein und was gibt es denn morgen schon wieder revolutionär Neues? Was genau ist denn nun die Beste Idee, um qualifizierte Leads zu gewinnen und wenn der komplett digitalisierte Funnel bis zum Termineintrag, den ich mir hochpreisig geleistet (oder mich dafür sogar verschuldet habe (gibt's alles!) funktioniert hat), wie schließe ich den Interessenten jetzt erfolgreich ab?

Das Resultat sind verunsicherte Verkäufer, die vor lauter herumirren etwas Entscheidendes in die zweite Reihe stellen: „Es einfach nur tun – zu verkaufen!"

Einfach gesagt, jedoch kommen hier weitere Aspekte hinzu! „Ich kann doch gar nicht verkaufen oder ich will gar nicht verkaufen, das wollte ich noch nie oder ich will doch niemandem etwas aufdrängen und viele mehr!"

Darüber hinaus gibt es heute deutlich mehr Branchen und Bereiche, in denen auch verkäuferisches Denken und Geschick gefragt sind, jedoch wurde in der ehemaligen Ausbildung und beruflichen Entwicklung bisher noch kein Wert auf eine entsprechend kompetente Schulung gelegt.

Der Bedarf ist riesig, nur leider wird er oft noch nicht erkannt, dafür ist es ein vielfacher Wunsch: „Der Kunde soll doch einfach einkaufen oder von alleine auf mich zukommen!"

Die gute Nachricht: Verkaufen ist erlernbar und es ist echtes Handwerk. Du kannst Dich mit einer guten verkäuferischen Fähigkeit auch in herausfordernden Zeiten im Markt behaupten und Deinen Erfolg selbst mitbestimmen!"

Meine Entscheidung für das Buch, das Du nun in Deinen Händen hältst, wurde zusätzlich und nachhaltig durch das positive Feedback meiner Schulungen und Trainings-Teilnehmer mit deren Bedarf unterstützt. Die Inhalte sind vielfach bewährt und werden von mir selbst als Trainer, der sich seit Jahrzehnten trotz aller Krisenzeiten (Finanz, Wirtschaft & Banken, Corona usw.) im Markt erfolgreich positioniert.

Es ist ein Buch, das ich wie eine „Schulung" oder „Seminar" sehe, das Du einstecken und mit Dir führen kannst. Es soll anregen sowie Tipps und Impulse für Deine Weiterentwicklung geben. Persönliches Wachstum ist etwas von der Natur Gegebenes, das mit der Lektüre dieses Buches weiter angeregt werden soll.

Daher habe ich es aus der Sicht eines Seminarteilnehmers geschrieben und nutze auch die persönlichere „Du" – Anrede, denn aus psychologischer Sicht wird diese besser vom Leser angenommen.

Ich wünsche Dir viele AHA – Effekte, Bestätigung und auch Spaß bei der Umsetzung der Impulse, auf dass Du in Deinem praktischen Einsatz viel Erfolg ernten wirst.

Dein Stefan Heller

Vorwort von Julien Backhaus
(Unternehmer, Geschäftsführer BACKHAUS Verlag GmbH, u.A. Autor von „ERFOLG", „Bullshit Rules", „EGO" und gefragter Keynote – Speaker uvm.)

Für einen Unternehmer ist Verkauf so etwas wie das achte Weltwunder. Zumindest war es das für mich immer. Denn wer verkaufen kann, kann seine Zukunft kontrollieren. Die Frage ist nur, wie oft ein Verkäufer sein Produkt präsentiert. Je öfter er die Gelegenheit dazu bekommt, desto mehr Geld kann er verdienen. Mit den richtigen Techniken lässt sich die Anzahl an Präsentationen drastisch erhöhen. Mit gleicher Arbeitsleistung kann ich also zehn mal oder gar hundert Mal mehr verdienen.

Für Unternehmer ist die Verkaufsabteilung die wichtigste im ganzen Unternehmen. Die Verwaltung hat erst etwas zu tun, wenn etwas verkauft wurde. Die Produktion kann erst aktiv werden, wenn das Produkt überhaupt nachgefragt wurde. Die Logistik kann erst tätig werden, wenn es Kunden zu beliefern gibt. Dennoch lassen sich viele Unternehmer und Unternehmen vom täglichen Rauschen aus all diesen Abteilungen ablenken. Derzeit steckt insbesondere Deutschland in einer Wirtschaftskrise. Viele Unternehmen stehen vor der Insolvenz. Und Sie können mir glauben, das liegt nicht daran, dass in der Verwaltung der Kopierer streikt oder die Fahrzeugflotte in die Jahre gekommen ist. Es liegt an zu wenig Vertrieb - und damit an zu wenig Umsatz und Gewinn. Es gibt kein Problem, das sich nicht durch mehr Umsatz lösen ließe. Der berühmte Unternehmensberater und Professor Hermann Simon sagte mal: „Am Gewinn ist noch keine Firma kaputtgegangen." So betitelt war auch eines seiner Bücher.

Dennoch scheint es für viele Unternehmer noch ein Mysterium zu bleiben. Wie entstehen gute Verkäufer? Stefan Heller liefert nun endlich eine klare Antwort darauf im vorliegenden Buch. Wobei sie trotzdem umfangreich ist, denn es ist eben nicht nur die eine Sache, die zu einem guten Verkäufer führt. Es sind Puzzleteile, die zusammenpassen müssen. Aber sicherlich steht die Motivation über allem. Warum wollen Sie dieses Produkt verkaufen? Warum wollen Sie das Geld verdienen? Und dann verlangt ein erfolgreicher Verkauf den Perspektivwechsel. Denn für den Kunden ist es irrelevant, warum Sie das wollen. Er interessiert sich nur für seinen eigenen Vorteil. Gute Verkäufer sind also in der Lage, die Welt mit den Augen des Kunden zu sehen. Welche Probleme beschäftigen ihn, was wünscht er sich? Schmerz vermeiden, Lust gewinnen. Es kommt oft auf altbekannte Mechanismen an. Sich nur immer wieder in Erinnerung zu rufen, das Produkt aus der Perspektive des Kunden zu sehen, ist entscheidend. Wer an diesem Punkt angelangt ist, muss noch über ein paar kleine Hürden springen, die aber mit den richtigen Techniken ein Kinderspiel sein können. Stefan Heller hat all diese Punkte aufgeschrieben. Nun liegt es nur noch an Ihnen, diese Punkte auch in die Tat umzusetzen. Dann steht Ihrem Erfolg buchstäblich nichts mehr im Weg.

Einleitung

Als Verkäufer im Innen- und Außendienst, als Freiberufler oder freier Handelsvertreter, als Vertriebs-und Verkaufsleiter, als Einkäufer, Entscheider und Führungskraft, Unternehmer oder Selbständiger spürst Du jeden Tag aufs Neue, die Herausforderung eines gnadenlosen Wettbewerbs am Markt.

Es gibt, wie bereits im Vorwort erwähnt, eine Menge an Angeboten, damit Du Dich weiter qualifizieren und im Wettbewerb mithalten kannst und oft gibt es auch einen Trend, auf den gerade alle springen. Dein Wunsch nach einer verlässlichen Orientierung ist daher verständlich und nachvollziehbar.

In meinen Trainings frage ich häufig, was die Teilnehmer aus der Schulung, dem Coaching oder aus dem Seminar mitnehmen wollen. Schnell steht fest, dass die Erwartungen mit den Inhalten und Themen der Schulungsmaßnahme übereinstimmen, da sie sich ausschließlich praktische Impulse für den täglichen Einsatz wünschen und auch Sicherheit gewinnen wollen.

Klare und direkt umsetzbare Werkzeuge, „Kochrezepte" mit den entsprechenden Zutaten, verständlich, ohne überflüssiges und unverständliches Drumherum – darum geht es in meinen Trainingsmodulen und in diesem Buch. Die Inhalte sind wie ein praktisches Seminar aufgebaut und der aktive Leser ist motiviert, das Gelesene gleich in die Praxis umzusetzen.

Begleite die Seminarteilnehmer genannt „Teilnehmer" auf ihrem Weg und während ihrer Weiterentwicklung vom Verkäufer mit Intuition und „Basiswissen" hin zum Spitzenverkäufer.

Während der Schulungsmaßnahme stoßen die Teilnehmer auf Grundlagenwissen. Daher werden auch die „Basics" angesprochen und bei den Teilnehmern „abgestaubt". Darauf aufbauend werden Strategien und Muster von Spitzenverkäufern erlernt und trainiert.

Nutze daher das Buch für Dich als motivierende Unterstützung und als Begleiter beim aktiven Verkaufen.

An dieser Stelle möchte ich noch die Gelegenheit nutzen, um mich bei meinen Mentoren und Trainern und auch erfolgreichen Unternehmern und Persönlichkeiten für inspirierende Impulse und wertvollen Austausch zu bedanken.

Ich bedanke mich außerdem bei den Teilnehmern meiner Seminare und NLP Ausbildungen und den Unternehmen, die mir die Weiterentwicklung Ihrer Mitarbeiter anvertrauen und für deren begeisterten Referenzen und Rückmeldungen über Ergebnisse und Erfolge.

Bedanken möchte ich mich für die vielen Auszeichnungen und Erwähnungen in Artikeln und Presse mit besonderer Hervorhebung von Julien Backhaus, der aus meiner Sicht regelmäßig mit seinen Anregungen und Aktivität einen wertvollen Beitrag zum Thema Erfolg und positiver Haltung und Einstellung leistet und seine Beiträge auch mich inspirieren. Danke auch Julien, für Dein Vorwort und Du bringst es wie immer auf den Punkt!

Widmen möchte ich dieses Buch allen „Machern" und „Möglichkeitsdenkern", denn im Jammertal werden keine Geschäfte gemacht!

Dein Stefan Heller

3. Drei Pfeiler für Deinen Erfolg

Ein Teilnehmer hat zum Start der Schulung ein wenig
gemischte Gefühle, da er heute gemeinsam mit anderen
Kollegen an einem Vertriebsseminar teilnimmt. Sein
Unternehmen hat das Seminar für die Vertriebsmitarbeiter
gebucht.

Einerseits will er sich vor den Kollegen nicht bloßstellen,
andererseits ist ihm durchaus bewusst, dass Weiterentwicklung
und Training eine Notwendigkeit darstellen, um
wettbewerbsfähig zu bleiben und die gewünschten Ergebnisse
zu erzielen.

Er entschließt sich, möglichst entspannt und offen in das
Training zu gehen und abzuwarten, wie das Seminar aufgebaut
ist.

Nachdem der Trainer Stefan Heller sich und seine
Kernkompetenzen und die Agenda vorgestellt hat, sind die
Teilnehmer an der Reihe, sich ebenfalls vorzustellen und auch
ihren Bedarf und Wunsch an die Schulung mitzuteilen.

Dabei wird allen bewusst, wie lange jeder einzelne Kollege
schon im Vertrieb tätig ist und wer schon einmal eine oder
mehrere Schulungsmaßnahmen genossen hat. Zusätzlich wird
offensichtlich, dass viele vor sehr ähnlichen Herausforderungen
stehen, wie zum Beispiel der Umgang mit „schwierigen"
Kunden. Auch wird der Umgang auf der persönlichen Du –
Ebene geklärt..

Der Trainer stellt noch einmal klar, dass es sich nicht um eine
Impulsmaßnahme handelt, die erfahrungsgemäß nur kurzfristig
anhält, sondern, dass die Schulungsmaßnahme tatsächlich ein
Training über mehrere Tage ist und daher nachhaltig und
langfristig wirkt. Die Inhalte und Module sind aufeinander
aufgebaut und werden miteinander verknüpft, um die
Fähigkeiten der Teilnehmer abzurunden. Darüber hinaus ist es
wichtig, regelmäßig zu reflektieren, was bereits erfolgreich

umgesetzt wurde und wo es noch Herausforderungen gibt. Alles auf einmal umzusetzen funktioniert nicht und das wäre auch unmenschlich.

Der Trainer macht klar: „Wenn ein Trainer etwas anderes behauptet, dann jagt ihn vom Hof, denn das funktioniert einfach nicht, denn Training ist etwas Regelmäßiges und das wird auch jeder Profi bestätigen!"

Im Anschluss daran stellt der Trainer den Teilnehmern folgende Fragen:

> *„Was glaubt ihr, worauf es im Vertrieb und im Verkaufsgespräch ankommt?"*

> *Was braucht es, um wirklich erfolgreich zu sein?"*

Er stellt den Teilnehmern im Zusammenhang mit den Fragen diese Aufgabe:

> *„Jeder notiert auf einer Moderationskarte die Punkte, die seiner Meinung nach wichtig sind!*

> *Anschließend wird gemeinsam „gebrainstormt", um diese Punkte vorzustellen! Es ist möglich, dass die ein oder anderen Punkte doppelt genannt werden."*

Die Teilnehmer erinnern sich und versuchen eine Struktur in seine „Punktesammlung" zu bekommen.

Einige der Punkte:

*Gute Vorbereitung, Begrüßung, Beziehung zum
Kunden aufbauen, Fragen stellen, einen guten Eindruck
machen, das Gespräch führen, Einwand - Behandlung,
Vorteile einer Zusammenarbeit darstellen, Interesse
zeigen, Abschluss erzeugen.*

Nachdem die Teilnehmer auf die Frage des Trainers, ob jeder
ein paar Punkte gefunden hat, mit Ja antworten, erklärt er ihnen
folgendes:

*„Aus der Praxis und der Erfahrung in meinem
Tagesgeschäft, habe ich vor längerer Zeit festgestellt,
dass es eine Formel gibt, die bei klarer Umsetzung zu
deutlichem Erfolg führt.*

*Wenn diese Formel und die Inhalte zu den drei
„Überschriften" dieser Formel eingehalten werden und
erfüllt sind, dann wirst Du selbstbewusster,
selbstsicherer und selbstverständlich erfolgreich
verkaufen.*

*Wie Du weißt, kommt Erfolg von „erfolgen" und das
Erfolgen resultiert aus einer Abfolge aktiven
Handelns."Es passiert nichts Gutes – außer man tut
es!"*

*Jetzt stellen sich Dir sicherlich automatisch die Fragen,
was genau Du tun musst und was diese drei Punkte der
Erfolgsformel wohl sein könnten?*

Die drei Punkte der Erfolgsformel lauten: **Einstellung + Wissen + Können**!

Nun gilt es, diese drei Punkte zu erfüllen und inhaltlich abzudecken und Du wirst schon bald bemerken, dass jene drei Punkte sich auch gegenseitig befähigen und unterstützen.

*Jetzt kommt es auf Dich an, das zu „**Tun**", was notwendig ist, um diese Punkte aufzuarbeiten und zu erhalten. Frei nach Konrad Lorenz: „Gehört bedeutet noch nicht verstanden – verstanden noch nicht einverstanden – einverstanden noch nicht umgesetzt – umgesetzt noch nicht beibehalten!" So wirst Du zum Profi – Seller!*

Leider zeigt die Erfahrung, dass auf jeder dieser Stufen Menschen aussteigen und nur wenige oben ankommen. Zu welchen gehörst Du?

„Sehen wir uns doch einmal die von Euch gesammelten Punkte an und ordnen diese einmal der Einstellung, dem Wissen und dem Können zu. Du wirst überrascht sein, wie gut das funktioniert.

Den Rest werden wir dann direkt im Anschluss ergänzen und ausbauen."

4. Die Einstellung

Nach einem Blick auf die eigenen Punkte, sind die Teilnehmer erstaunt, wie gut sich eine Zuordnung darstellen lässt.

Der Trainer hat auf das Flipchart einen Tempel mit drei tragenden Säulen gezeichnet, die die Einstellung, das Wissen und das Können verkörpern. Nachdem die Teilnehmer alle Punkte genannt haben, werden diese durch einen Farbpunkt auf der jeweiligen Säule markiert. Dabei decken manche Punkte sogar mehrere Bereiche ab und können doppelt markiert werden.

Die Teilnehmer hören den Trainer sagen:

„Die Einstellung ist nach meiner Erkenntnis eine der drei tragenden Säulen auf dem Weg zum Erfolg.

Diese Säule beinhaltet mehrere Bereiche, die eine erfolgreiche Einstellung gewährleisten. Nach meiner Auffassung, betrifft sie sieben wesentliche Punkte:

1. Hausaufgaben und Vorbereitung

2. Wie motiviere ich mich selbst?

3. Was bedeutet das Unternehmen für mich?

4. Was bedeutet mein Produkt/meine Dienstleistung, die ich vertreibe, für mich?

5. Was bedeutet mein Kunde für mich?

6. Negative Glaubenssätze entmachten und Ich-Botschaften verwenden

7. Angemessener Umgang mit vermeintlichen Niederlagen (mehr verwerten durch den Lerneffekt, anstatt bewerten)

Wenn Du diese sieben Bereiche für Dich beantworten bzw. erfüllen kannst, dann hast Du die richtige Einstellung, um erfolgreich zu sein.

Sehen wir uns jetzt gemeinsam diese einzelnen Punkte etwas genauer an!

4.1. Meine Hausaufgaben/Vorbereitung

„Stelle Dir sich am besten diese Fragen:

- *Was möchte ich erreichen und mit wem?*
- *Wer sind meine potentiellen Kunden und Ansprechpartner?*
- *Wo sind die Standorte und wie kann ich diese sinnvoll und auch zeitsparend miteinander verbinden?*
- *Wer sind die für mich interessantesten Kunden (z.B. Umsatz- und Unternehmensgröße)?*
- *Mit wem arbeiten diese potentiellen Kunden schon zusammen und wer ist mein Wettbewerber?*
- *Was bietet mein Wettbewerber? Was kann ich besser machen? Welchen Mehrwert oder welche Alleinstellungsmerkmale kann ich durch eine Zusammenarbeit bieten?*
- *Wie trete ich am besten an meinen Ansprechpartner heran?*
- *Was ist der konkrete Nutzen & Vorteile für meinen Ansprechpartner?*
- *Was sind die konkreten Fragen, die ich meinem potentiellen Kunden stellen werde?*

- *Was möchte der Kunde durch unsere Zusammenarbeit erreichen?*
- *Benötige ich noch Kompetenzen (Wissen, Können) und welche Informationen brauche ich noch, bevor ich mit dem Ansprechpartner/in in Kontakt treten kann?*

Die Teilnehmer denken angeregt über die Fragen des Trainers nach und stellen fest, dass sie tatsächlich in der Vergangenheit des Öfteren recht blauäugig in ein Gespräch gegangen sind. Sie stellen sich die Frage, ob sie dadurch wohl auch das ein oder andere Mal keinen Termin erhalten haben?

4.2. Wie motiviere ich mich selbst?

Der Trainer stellt den Teilnehmern folgende Frage:

> *„Wer von Euch hat schon einmal davon gehört, dass er motiviert in das Tagesgeschäft und in die Kundengespräche gehen soll?"*

Die Teilnehmer melden sich spontan und nicken zustimmend.

> *„Funktioniert das denn auch immer und für jeden und wie macht Ihr das?"*

Hierzu kommen keine Reaktionen, nur einige schütteln sogar den Kopf.

*„Was glaubt Ihr, ist es besser in einem guten Zustand
oder in einem eher nicht so guten Zustand in ein
Gespräch zu gehen? Was verspricht mehr Erfolg?"*

Hier kommt aus der Gruppe eine klare Antwort:

„Ein guter Zustand natürlich!"

Der Trainer hakt noch einmal genauer nach und erklärt Ihnen
mehr zum Thema:

*„Kennt Ihr denn auch solche Tage, an denen Ihr Euch
nicht so gut fühlt und Du aufstehen und Termine
wahrnehmen musst?*

*Wenn Du Dich gut fühlst, dann hat dies zur Folge, dass
Du aufmerksamer beim Kunden bist und auch Zugang
zu all Deinen Fähigkeiten hast!*

*Wer von Euch hat denn schon eine konkrete Strategie
vermittelt bekommen, dass es auch funktioniert?"*

Die Teilnehmer denken über die Frage nach und bemerken,
dass es meistens gut läuft, wenn sie sich gut fühlen und es an
anderen Tagen eher zäh oder gar nicht läuft. Wenn es also
Möglichkeiten gibt, hier etwas zu verändern, dann kommt ihnen
das sehr gelegen.

Der Trainer fährt fort:

*„Ich möchte Euch gleich drei Möglichkeiten zur Verfügung
stellen, wie Du Deinen Zustand nach Bedarf verbessern
kannst!*

- *Physische Möglichkeiten:*
*Dass in einem gesunden Körper auch ein gesunder
Geist wohnt, das haben alle schon gehört. Meinen
Körper habe ich genau wie ihr immer dabei und wenn
Du bemerkst, dass Du gerade nicht im „Bestzustand"
bist, dann nutzt Du die „Tu´ mal so als ob"-Strategie. Tu
so, als ob es Dir gut geht und stelle Dich auch so hin
(aufrecht, Schultern nach hinten, Kopf hoch, lächeln,
tief durchatmen usw.) und Du wirst sehr schnell spüren,
wie eine Veränderung eintritt. Du überlistest so Deinen
Körper und fühlst Dich besser.*

- *Positive Erfahrungen und Ergebnisse*
*Nutze Deine persönlichen, positiven Erfahrungen und
Ergebnisse und sammle diese (physisch) in Deiner
eigenen „Erfolgs-Schatzkiste" (Urkunden, Artikel,
Vertriebserfolge, Fotos usw.) oder erstelle eine Kollage
mit entsprechenden Bildern, die Dich positiv stimmen
und in einen besseren Zustand versetzen.*

*Es genügt oft, nur daran zu denken und schon wirst Du
Dich besser fühlen.*

- *Positives Einstimmen über die Sinne*
*Über unsere Sinne nehmen wir Informationen auf und
können diese auch wieder abrufen. Abrufen können wir
negative wie auch die positiven Erlebnisse. Indem wir
uns an die positiven Erfahrungen erinnern, versetzen*

*wir uns in eine positive Stimmung. Diese Stimmung
können wir festhalten, also Ankern. Nutze Deine Sinne
und kombinieren diese mit einem inneren Mischpult, an
dem Du die Regler wie ein Regisseur, nach
persönlichem Bedarf, verschieben kannst.*

*Erlebe die positiven Ereignisse noch intensiver, indem
Du deine inneren Bilder noch größer und farbiger
werden lässt. Während Du dies alles erlebst, höre, was
es in dieser Situation zu hören gab und fühle das
damalige, gute Gefühl. Du wirst sehr schnell bemerken,
wie Du in einen motivierten Zustand kommst und dass
Dir diese Ressourcen und Fähigkeiten wieder zur
Verfügung stehen.(positives Kopfkino!)*

*Probiere es einfach aus und verknüpfe diese Strategien
miteinander. Du wirst die Erfahrung machen, dass es
funktioniert. Die Ergebnisse werden für sich sprechen.
Denke einfach daran, dass die Welt nur ein Spiegelbild
dessen ist, was wir ausstrahlen – so strahlt es auch auf
uns zurück."*

„Die Energie folgt der

Aufmerksamkeit!"

Die Teilnehmer spüren, dass sie schon jetzt recht aufgekratzt und in einer guten Stimmung sind, da sie schon während der Vorstellung der Möglichkeiten einige Bilder und Ereignisse im Kopf hatten und irgendwie plötzlich auch aufrechter und energiegeladener sitzen.

4.3. Was bedeutet das Unternehmen für mich?

Der Trainer wechselt über zu Punkt drei und erklärt:

„Was das Unternehmen für uns bedeutet, das ist uns oft gar nicht so bewusst! Machen wir uns hier ein paar wesentliche Gedanken. Das Unternehmen bietet uns eine Art Heimat, wie auch eine Plattform, um selbst erfolgreich zu sein und unsere Existenz zu sichern. Darüber hinaus ermöglicht es uns auch, unsere Ziele und Träume zu verwirklichen. Wenn wir dem Unternehmen oder uns selbst dazu verhelfen, zu einer „Marke" zu werden, dann helfen wir uns auch automatisch selbst, da wir dadurch die Abschlussfähigkeit noch unterstützen und wir somit unser Einkommen sichern und nachhaltig ausbauen.

Wenn wir den Anspruch an uns haben, zu den Besten zu gehören, dann nimmt das Unternehmen das auch wahr und wir sichern damit das Unternehmen und unseren Arbeitsplatz ab. Wenn wir uns als Personenmarke entsprechend positionieren, dann werden wir durch das Gesetz der Resonanz durch potentielle Kunden auch so wahrgenommen."

Die Teilnehmer werden sich jetzt richtig bewusst, was auch sie für einen wichtigen Beitrag leisten können und fühlen einen gewissen Stolz und auch Motivation, diesem Beitrag gerecht zu werden.

4.4. Was bedeutet mein Produkt/meine Dienstleistung, die ich vertreibe, für mich?

Der Trainer stellt zu Beginn dieses Kapitels die entscheidende Frage:

„Was für eine Bedeutung hat mein Produkt/meine Dienstleistung für mich und was heißt das wiederum für mich?

Die meisten von uns kennen den Spruch vom Eskimo, dem ein Kühlschrank vom gewieften Verkäufer „angedreht" wird oder die Mentalität „Anhauen" – „Umhauen" – „Abhauen", nur um ein schnelles Geschäft gemacht zu haben.

Wenn wir langfristig erfolgreich sein wollen, dann ist es wichtig, von unserem Produkt oder der Dienstleistung überzeugt zu sein, da wir das automatisch bewusst oder auch unbewusst kommunizieren. Wir transportieren dies unserem Kunden im Gespräch. Sie können sich nicht langfristig verstellen. Unsere Kunden sind kompetent genug, um das zu bemerken.

Eine Kundenzufriedenheit in allen Bereichen ist besonders wichtig, da wir nur so ein Folgegeschäft, eine Referenz und auch entsprechende Weiterempfehlungen erwarten können."

Das funktioniert allerdings Langfristig und Nachhaltig nur, wenn wir einen echten Nutzen und Mehrwert bieten!

4.5. Was bedeutet der Kunde für mich?

„Der Kunde oder Ansprechpartner ist für uns oft ein noch „unbekanntes Wesen" und unsere Sichtweise über die Bedeutung des Kunden ist oft nicht ganz klar.

Machen wir uns daher einige Sichtweisen bewusster, um ein positives Bild unserer Kunden zu gewinnen und uns dadurch selbst positiv für unsere Kunden einzustimmen.

Das mag jetzt möglicherweise für einige komisch klingen, denn das sollte doch im Vertrieb normal, also eine Voraussetzung sein.

In der Praxis allerdings ist das oft nicht der Fall oder nur hintergründig vorhanden.

Der Kunde ist ein Mensch wie wir – mit allen möglichen Bedürfnissen und Emotionen!

Darüber hinaus bedeutet der Kunde auch Umsatz und Provision für mich. Er finanziert mir meine Bedürfnisse.

Daher ist es besonders wichtig, wie ich meinen Kunden hinterlasse und nachhaltig pflege.

Die Einstellung, die wir unserem Kunden/Ansprechpartner entgegenbringen, bemerkt dieser oft sofort. Dann sorgt er für einen entsprechenden Gesprächsrahmen und es wird klar, ob die „Chemie" für den weiteren Gesprächsverlauf stimmig ist."

Die Teilnehmer denken über die Worte des Trainers nach und fragen sich, was sie denn über den üblichen „Small-Talk" hinaus tun können, um eine gute Beziehung herzustellen.

Nachdem sich ein Teilnehmer traut, dem Trainer diese Frage zu stellen, wird ihm versichert, dass genau dies auch ein Bestandteil des Seminars sein wird und er sich bereits jetzt darauf freuen kann.

4.6. Glaubenssätze erkennen und „Ich"-Botschaften verwenden

„Was kann denn mit „Glaubenssätzen" gemeint sein?"

Ein Teilnehmer meldet sich und antwortet auf die Frage des Trainers:

„Das sind Aussagen, die ich zu mir selbst innerlich oder laut ausspreche!"

Der Trainer entgegnet:

„Das ist richtig! Sind diese inneren Dialoge denn immer positiv und motivierend?"

Ein Teilnehmer antwortet:

„Nein, das sind sie eher nicht!"

Der Trainer bedankt sich für die ehrliche Antwort und die Offenheit seiner Teilnehmer. Er erklärt ihnen:

Leider ist es wirklich so, dass wir oft sehr hart mit uns umgehen und uns dadurch negativ einstimmen. Das ist auch ein Grund, weshalb viele Verkäufer scheitern, denn unsere Glaubenssätze bestimmen, was wir erreichen und das sowohl im negativen wie auch im positiven Sinne.

Manche Verkäufer drücken sich negativ über den Markt,
das Unternehmen, die Kunden oder den Mitbewerber aus
und wundern sich darüber, dass ihre
Begeisterungsfähigkeit und ihre Motivation stetig nachlässt.
Das führt zu entsprechenden Ergebnissen und ihr
Selbstvertrauen schwindet immer mehr.

Sie treffen Aussagen wie:

- Morgen möchte ich nicht schon wieder ohne
  Abschluss nach Hause kommen!

- Ich bin ein Versager!

- Das vorgegebene Umsatzziel erreiche ich nie!

- Diesem Unternehmer entlocke ich nie einen
  Auftrag!

Wenn Du Dich mit solchen negativen Aussagen
„einstimmst", dann hast Du auch das Negative verinnerlicht
und Deine Wirkung auf Gesprächspartner ist
dementsprechend.

Stelle Dir einfach die Frage, wie Du die Welt um Dich
herum wahrnehmen musst und welche Annahmen Dich
positiv unterstützen, um das zu erhalten was Du Dir
wünschst, um optimal Deine Ziele zu erreichen.

Die Qualität Deines privaten und beruflichen Erfolges hängt
direkt von der Qualität der Aussagen ab, die Du Dir selbst
gegenüber triffst. Dadurch kontrollierst Du auch Deine
innere Haltung und der Außenwirkung.

Wenn Du von Dir, Deinem Produkt oder Dienstleistung und Deinem Unternehmen selbst überzeugt bist, dann strahlst Du das auch auf andere aus, denn Dein Verhalten wird maßgeblich von Deiner Haltung und Überzeugung geprägt.

Nutze diese Möglichkeit der Selbstmotivation im positiven Sinne und stimme Dich selbst entsprechen ein!

Hier ein paar Beispiele dazu:

- *Ich freue mich auf den nächsten Kundenkontakt!*

- *Ich freue mich auf den nächsten Abschluss!*

- *Ich bin ein zielstrebiger und kompetenter Verkäufer!*

- *Das Umsatzziel und die damit eingehende Provision ist verlockend!*

- *Ich interessiere meinen Kunden und bin ein geschätzter und ernstgenommener Geschäftspartner!"*

- *Ich bin erfolgreich und das hat eine Auswirkung auf meine Lebensqualität!*

4.7. Angemessener Umgang mit vermeintlichen Niederlagen

Ein weiterer, für den Trainer sehr wichtiger Punkt, ist die Art und Weise, wie Verkäufer mit vermeintlichen Niederlagen und Misserfolgen umgehen:

„Wenn Du den Werdegang von wirklich erfolgreichen Menschen überprüfst, dann wird Dir eine ganz bestimmte Parallele im Verhalten auffallen und das ist die Betrachtungsweise von negativen Ergebnissen oder einem Nein.

Es kommt dabei auch nicht darauf an, ob sie immer gewinnen und einen Abschluss oder eine Terminvereinbarung erreichen, sondern sie sehen ein Nein als Rückmeldung, geben nicht auf und machen weiter und lernen daraus.

Das Erlernte verwenden sie dann in Ihrem nächsten Kundengespräch und verwandeln dadurch Ihre Niederlagen in Erfolge.

In der Telefonakquise hilft die Einstellung, dass sie ein Nein dem nächsten Ja ein Stück näher bringen wird und außerdem mehr Kontakte bedeutet, was wiederum mehr Aufträge und Umsatz verspricht.

Wie gehst Du mit diesen Situationen um?

Hierüber erfährst Du noch mehr, wenn wir uns mit dem Thema Reframing beschäftigen!

5. Das Wissen

Über die nächste tragende Säule, dem Wissen, sagt der Trainer
nur kurz etwas. Der Grund dafür ist, dass es sich hierbei um
fleißiges Hausaufgaben machen handelt.

Der Trainer empfiehlt den Teilnehmern, genau auf das
Feedback und die Rückmeldung aus den Kundengesprächen
zu achten.

5.1. Was weiß ich über das Produkt/die Dienstleistung?

*„Immer dann, wenn Du eine Unsicherheit bei Dir bemerkst,
ist es ein Zeichen, dass Du in einem bestimmten Bereich
noch Nachholbedarf hast!*

*Hierbei kann es sich um inhaltlich/fachliche Bereiche
handeln. Hierzu empfehle ich, dass Du Dich gar nicht erst
auf Glatteis begibst, indem Du auf Nachfrage nur
eingeschränkte Informationen weitergeben kannst.*

*Besser ist es, dass Du offen damit umgehst und dem
Kunden z.B. antwortest:*

*Herr Kunde, diese Information ist für Sie besonders
wichtig. Gerne bringe ich das für Sie umgehend in
Erfahrung und melde mich dann bei Ihnen!"*

Die Teilnehmer fragen sich an dieser Stelle, ob sie das bisher berücksichtigt haben. Ihnen fallen direkt einige Gespräche ein, in denen sie weniger klar geantwortet haben und eher mit einer Aussage „herumgeeiert" sind.

Dass das dann auch nicht sehr vorteilhaft und professionell beim Gesprächspartner angekommen ist, wird ihnen in dem Moment bewusst.

„Körpersprache und Aussage passen dann einfach nicht zueinander und können bei dem Kunden und Gesprächspartner ein eher ablehnendes Gefühl auslösen,

was dem Ergebnis und eigentlichem Ziel eher abträglich ist."

Der Trainer erinnert die Teilnehmer daran, an die Vorteile, die eine ehrliche Antwort mit sich bringt zu denken:

„Ihr weicht der Gefahr aus, festgenagelt zu werden, Eure Aussage und Körpersprache ist stimmig und wirkt entsprechend auf den Kunden.

Du nutzt in der Form Deiner Aussage auch am besten eine partnerbezogene Sprache, wie z.B.: Für Sie.

Darüber hinaus gewinnst Du wertvolle Zeit, um Dich entsprechend zu informieren und erzielst einen Lerneffekt, indem Du Dich nämlich inhaltlich damit auseinandersetzt.

Wichtig ist, dass wenn Du die Zusage einmal getroffen hast, Dich für den Kunden einzusetzen Du Dich auch bemühst, Dein Versprechen auch wirklich einzuhalten!"

5.2. Was weiß ich über den Markt, Marketing & Zielgruppe?

Weitere Punkte, die die Säule „Wissen" betreffen, sind die Analyse des Marktes, der potentiellen Kunden und Ansprechpartner.

Hierzu gebe ich Dir gerne zur Anregung ein paar Fragen mit auf den Weg:

- *Wo genau befindet sich mein Markt (Region) & meine Zielgruppe*

- *Was für ein Potential bietet mein Markt?*

- *Wie ist meine strategische Vorgehensweise/ Reihenfolge?*

- *Wie erreiche ich meine Zielgruppe und gewinne qualifizierte Leads?*

5.3. Was weiß ich über meine potentiellen Kunden?

„Hast Du schon alle Informationen z. B. über das Internet oder andere Quellen genutzt, um Dich eingehend mit Deinen künftigen Kunden zu beschäftigen und Dich professionell auf die Terminvereinbarung und das Verkaufsgespräch vorzubereiten?

Hierzu gebe ich Dir gerne als Impuls weitere Fragen!

- *Wer sind die potentiellen Ansprechpartner/Kunden in meinem Markt?*

- *Wer ist oder war schon Kunde und wer darf es gerne noch werden?*

- *Was ist das Kernproblem, das ich für meine Kunden/Ansprechpartner lösen kann?*

- *Was kann ich künftig für meinen Kunden tun?*

- *Wer ist mein „Mitbewerber", was kann ich besser und wo kann ich Mehrwert oder Alleinstellungsmerkmale (Spezialisierung) bieten?"*

Die Teilnehmer spüren in sich eine positive Unruhe aufsteigen und nehmen sich vor, diese Punkte noch einmal als Hausaufgabe anzugehen, um sich den Fragen zu stellen. Sie spüren auch, dass viele Potentiale noch nicht wirklich genutzt wurden und sich so viele Möglichkeiten ergeben, die sie schnellstmöglich angehen möchten – am besten gleich morgen!

Der Trainer sagt: „Ich gebe Euch hier schon einmal einen wertvollen Tipp –der Erfolg liegt in der Liste!"

Was genau bedeutet das für Euch?

Es geht um den nie endenden Zufluss und Vertrieb – Funnel aus Bestandskunden (warme Kontakte), ehemalige oder flüchtige Kontakte (lauwarme Kontakte) oder die bislang unbekannten Kontakte (kalte Kontakte), die ich ansprechen kann!

Das ist wie ein Trichter – Prinzip und wenn ich mit dem Endergebnis nicht zufrieden bin, dann kann ich die Summe der Kontakte oben erhöhen und arbeite natürlich an der Qualität der Verkaufsfähigkeit!

Sales / Vertrieb – Funnel

Schritt 1: Kontakte aus der Liste (warm, lauwarm, kalt),
Messe, Online – Marketing – Prozesse, weitere Qualifizierung
ob der Kunde passt und der Zielgruppe nach Bedarf und
Budget entspricht

Schritt 2: Gespräche und Bedarfsermittlung, Angebot

Schritt 3: Abschluss & Auftrag, Nachfassen der Angebote,
Folgeaufträge, Empfehlungsmarketing

Deine Erkenntnisse, Ideen und Impulse:

Das leuchtet allen Teilnehmern ein und gibt ihnen ein System!

5.4. Reicht mein verkäuferisches Können?

„Ein weiterer, entscheidender Punkt in der Wissenssäule ist die verkäuferische Fähigkeit und Kompetenz."

Die Teilnehmer hören den Worten des Trainers aufmerksam zu.

„Der langfristige Erfolg von Verkäufer und Unternehmen hängt unmittelbar von den Verkaufserfolgen und den Fähigkeiten des Vertriebs ab.

Hierzu möchte ich Euch als ersten Impuls wieder einige Fragen stellen!

- *Glaubst Du von Dir, dass Du ein guter Verkäufer bist und wie begründest Du das?*

- *Kannst Du Dir vorstellen, ein noch besserer Verkäufer zu sein?*

- *Was macht einen guten Verkäufer aus?*

- *Wann wurdest Du zuletzt geschult und wie regelmäßig „entstaubst" und erneuerst Du Deine Fähigkeiten?*

- *Wie kannst Du Dir ein Feedback über Deine Fähigkeiten einholen?*

- *Schöpfst Du in Deinen Gesprächen alle Möglichkeiten aus?*

- *Wie sorgst Du für ausreichende Leads / potentielle Interessenten & Kunden*

Halten wir hier einmal kurz an und nimm Dir die Zeit für Dich, um diese Fragen zu analysieren und Dich selbst zu hinterfragen!

Ein ehrliches und konstruktives Feedback durch Reflexion gibt Dir eine Rückmeldung über Deinen Ist-Zustand. Gehe in Gedanken noch einmal Gesprächssituationen durch und analysiere! Tipp: Mache das in Zukunft regelmäßig nach Gesprächen zur professionellen Nachbearbeitung und für Dein stetiges Lernen!

Das erlaubt Dir, durch das Erkennen von entsprechendem Nachholbedarf auch, dass Du Dich schneller weiterentwickeln wirst, hin zum erwünschten Soll-Zustand und zu einem noch besseren Verkäufer.

Achtung: „Gefahr erkannt – Gefahr gebannt!" reicht nicht,, sondern das gibt Dir erst die Grundlage, um aktiv daran zu arbeiten und Dich kontinuierlich zu verbessern.

Die Teilnehmer hören die Fragen des Trainers mit gemischten Gefühlen, denn eigentlich glauben sie, dass sie gute Verkäufer sind. Sie fühlen sich durch die Fragen leicht provoziert.

Andererseits möchten sie natürlich gerne noch besser werden. Einige Fragen des Trainers geben ihnen dann doch zu denken. Ein Teilnehmer wird aktiv und meldet sich zu Wort:

„Ich bin gerne offen für neue Möglichkeiten, die mich und dadurch auch das Unternehmen unterstützen, aber ich glaube auch, dass ich eigentlich ein guter Verkäufer bin!"

Der Trainer lächelt und antwortet:

Danke für das offene Wort! Ich gehe einmal davon aus, dass es einigen Teilnehmern ebenso wie Dir geht!

Ich freue mich, dass Du zugänglich für weitere Möglichkeiten bist. Dass Du Bedarf spürst, sagt mir Deine Wortwahl. „Aber" und „eigentlich", wird von vielen im Sprachgebrauch genutzt. Leider sind dies sogenannte „sprachlichen Schwachmacher" .

Dieses Phänomen wird inhaltlich einen Teil der dritten Säule, dem Können, ausfüllen – eine gelungene Brücke zu unserem nächsten Trainingsbereich."

6. Das Können

In diesem Trainingsbereich geht es um die aktiven Möglichkeiten, die der Verkäufer im Tagesgeschäft nutzen und umsetzen kann.

„In diesem Kapitel sprechen wir die sogenannten Basics nur kurz als kleine Wiederholung an. Wir konzentrieren uns auf weitere umsetzbare „Werkzeuge", die wir in unserer „Handwerkskiste" als erfolgreicher Verkäufer gut gebrauchen können.

Modelle aus dem NLP (Neurolinguistisches Programmieren) finden innerhalb meines Vertriebstrainings auch einen Anteil. Gerade als NLP Lehrtrainer werde ich in meinen Ausbildungen oft nach dem Praxistransfer der NLP Formate gefragt.

Jeder, der sich näher mit den NLP Formaten beschäftigt erkennt sehr schnell, wie gut sich diese lösungsorientierten Strategien im täglichen Bedarf, persönlich oder beruflich, in nahezu jedem Kontext einsetzen lassen und genutzt werden können, denn gerade im Verkauf oder der Führung geht es auch um psychologische Effekte gerade im Beziehungsmanagement und im zwischenmenschlichen Bereich.

Eines dieser vielfältigen Einsatzgebiete kann daher die Nutzung im Vertrieb sein. Es können unterschiedliche Formate angewandt und auch miteinander verknüpft werden.

Der Trainer stellt den Teilnehmern die Frage, ob NLP für sie
bereits ein Begriff ist. Einige melden sich spontan und einer
gesteht, dass er sich gerne schon näher mit dem Thema
beschäftigt hätte, sich leider aber bisher noch nicht die Zeit für
eine Ausbildung genommen hat. Er nimmt sich fest vor, das so
bald wie möglich nachzuholen und den Trainer auf
Möglichkeiten und Termine anzusprechen oder sich
entsprechend von ihm coachen zu lassen.

6.1. Die Struktur des Verkaufens

Die Teilnehmer sehen, wie der Trainer eine Kurve, ähnlich einer
Aktienkurve, auf das Flipchart zeichnet.

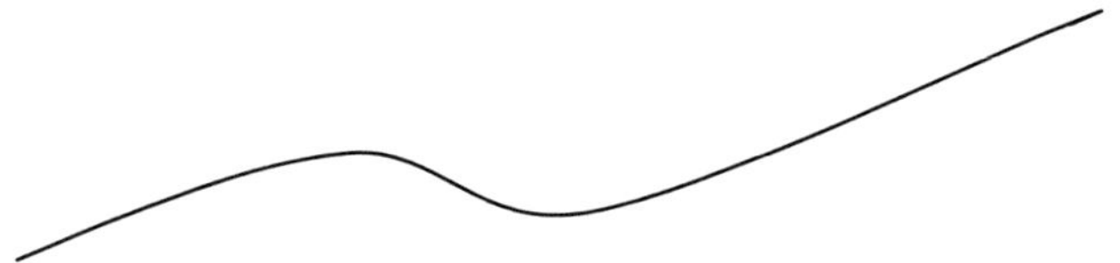

Ein Teilnehmer sagt:

„Schön, wenn das so wäre!"

Die Teilnehmer denken sich auch, dass eine solche Ansicht wirklich nur durch die „rosa Brille" betrachtet ist. Der Trainer geht daher auf die Skepsis der Teilnehmer genauer ein:

„Seht Ihr, das ist auch genau meine Meinung und daher gibt es in meinem Verkaufsgespräch durchaus auch einmal eine Abwärtskurve, denn das ist ein wesentlicher Bereich, in dem wir Verkäufer aktiv gefordert sind und wir „arbeiten" müssen.

Sehen wir uns doch einmal gemeinsam die wesentlichen Punkte im Verkaufsgespräch an, bevor wir uns mit jeden einzelnen in unserem Training beschäftigen. Dann könnt Ihr es später auch in Eurem Tagesgeschäft erfolgreich umsetzen."

Beachtenswerte Punkte:

1. Terminlegung/kalte Akquise (neuer Telefonkontakt)
2. Begrüßung
3. Aufmerksamkeitsphase
4. Beziehung/Rapport (guter Kontakt) herstellen
5. Wertschätzung/Bedarfs- und Kundenanalyse (Fragetechniken – Meta-Modell der Sprache, Neurologische Ebenen, Meta-Programme)
6. Präsentation des Angebotes (Typengerecht)/Kundennutzen
7. Kommunikationsstrategien: Schwache Sprachmuster erkennen/personenbezogene Anrede/Einwandbehandlung/ E.W.A.F.-Strategie/Reframing (Umdeuten)/Paraphrasieren
8. Preisgespräch/Investition
9. Abschluss mit future pace (Ausblick in die Zukunft)

Diese Aufstellung ist für die Teilnehmer verständlich, gut überschaubar und wird so von allen für einen ersten Überblick als angemessen empfunden.

Achtung: In dieser Struktur werden die Punkte „professionelle Vorbereitung" und „professionelle Nachbearbeitung" nicht zusätzlich aufgeführt, da diese bereits an anderer Stelle im Buch behandelt wurden!

6.2. Einstieg in die kalte Akquise

„Nachdem wir ja schon die Punkte aus dem Kapitel „Wissen" beachtet haben und den Markt mit den potentiellen Ansprechpartnern herausgefunden haben, steht der Terminanfrage jede Tür offen.

Die kalte Akquise kann z.B. durch einen persönlichen, unangekündigten Besuch oder auch durch eine Telefonanfrage stattfinden. Ich persönlich empfehle lieber das Telefon.

Es ist Ihr Zeit- und Kostenmanagement, denn Du kannst am Telefon innerhalb deutlich kürzerer Zeit Deine Ansprechpartner erreichen oder als Minimalziel, wichtige Informationen erhalten.

Außerdem kannst Du sehr gut Bestandskunden pflegen und mit potentiellen Neukunden konkrete Termine besprechen.

Mein Tipp: Bestätige den Termin noch einmal bevor Du losfährst, denn es ist Deine wertvolle Zeit, die Du verschleuderst, wenn der Termin von der anderen Seite nicht eingehalten wird. Du stellst weiter Verbindlichkeit und Wertschätzung her und gibst dem Kunden schon vorab eine Möglichkeit, sich von Deiner Zuverlässigkeit zu überzeugen.

Achtung: *Mach das persönlich oder durch Assistenz erneut per Telefon, denn per Mail lässt sich leichter und unpersönlicher absagen! Zeitersparnis entsteht natürlich auch über einen Online – Termin! Ds ist natürlich „Geschmackssache" da möglicherweise gewisse Informationen vor Ort auf der Strecke bleiben. Die Entscheidung dafür oder dagegen ist oft dem jeweiligen Kontext geschuldet.*

Interessant ist es außerdem, wenn Du in der Telefonakquise erkennst, dass Du meist auf einen von drei Kundentypen triffst. Es handelt sich hierbei um den „Nein-Sager", der gleich signalisiert, dass Du hier keinen Termin erwarten darfst. Den „Ja-Sager", der meistens einen Termin vergibt und diesen allerdings wenig wertschätzt und häufig auch absagt. Die „Beeinflussbaren-Kontakte", die wir durch einen Überzeugungsprozess angefangen mit Beziehungsmanagement gewinnen können, was auch dann im Analyse und Verkaufsgespräch möglich ist. Das ist die für uns interessanteste Gruppe. An deinen Fähigkeiten, zu überzeugen, arbeiten und trainieren wir ja gerade jetzt."

Es gibt auch besondere Herausforderungen in der kalten Akquise, denken sich die Teilnehmer Jürgen. Sie haben da auch einige ganz konkrete im Kopf, daher freuen sie sich, dass der Trainer darauf eingeht und Tipps für die Praxis gibt. Dieser erklärt nämlich:

- *Wenn Du mehrmals Absagen am Telefon erhalten hast, dann überprüfe sorgfältig Deinen Zustand. Nutze die Möglichkeiten aus den Trainingsinhalten zum Thema Einstellung sowie in diesem Kapitel, den Punkt Zustandsmanagement.*

- *Wenn die Assistentin eine Herausforderung darstellt, dann gewinne diese durch Wertschätzung und freundliche Hartnäckig- und Verbindlichkeit und gehe „mit Ihr" zum Ansprechpartner. Wenn auch das nicht funktioniert, dann nutze andere Anrufzeiten, denn auch die Assistentin geht Ihren Bedürfnissen (Feierabend, Essen usw.) nach. Darüber hinaus gibt es die Möglichkeit, eine andere Endnummer im Unternehmen anzuwählen und hier dem Gesprächspartner zu vermitteln, dass Du eine falsche Nummer hast oder einen „Zahlendreher" und ob dieser Dich direkt verbinden kann. Wer dabei ein komisches Gefühl hat, der weiß ja auch, dass er dem Ansprechpartner/Unternehmen einen Nutzen bringen möchte und es hier für beide Seiten (Win-win) von Vorteil (siehe später unter Reframing) ist, einen Termin zu finden.*

- *Nutze Deine Fähigkeiten, um einen Dialog herzustellen. Du kannst jetzt bereits eine gute Beziehung aufbauen. Viele haben Angst vor einem schnellen Nein und sprechen Ihre Botschaft schnell aus, in der Hoffnung, am Ende ein Ja zu hören. Ich bezeichne das als „Schwall ins All" und Hoffnungsmarketing! Stelle Dir daher selbst die Frage, welche Vorgehensweise wohl erfolgreicher ist?*

- *Am Telefon können bereits Herausforderungen auftauchen, die Analyse, Einwand - Behandlung und andere Vertriebstechniken für den späteren direkten Kontakt erfordern. Nutze diese aktiv!*

- *Plane feste Zeiten für Ihre Akquise ein, denn so hast Du deutlich bessere Erfolgsaussichten, als wenn es nur sporadisch versucht wird. Viele im Vertrieb schieben*

*die ungeliebte und notwendige Akquise vor sich her
und pflegen ein regelrechtes „Telefon-Fluchtverhalten“.
Mache es besser und denke an die einfache Formel:
„Mehr Kontakte – Mehr Aufträge“. Bist Du mit der
Menge der Aufträge/Termine noch nicht zufrieden,
dann erhöhe Deine Terminaktivität und
Leadgenerierung (Zielgerichtete Aktivität =
Einkommen), denn dadurch erzielst Du deutlich mehr
Kontakte, als jemand, der gar nicht oder nur halbherzig
aktiv wird.“*

6.3. Begrüßung

Die Begrüßung ist der Beginn des persönlichen Kontaktes und
daher auch besonders zu beachten. Der Trainer erklärt,
weshalb:

*„Oberflächlich betrachtet sollte eine Begrüßung ganz
selbstverständlich ablaufen und keine besondere
Herausforderung sein.*

*Wenn wir allerdings genauer betrachten, was hier schon
alles zu einer „Schieflage“ im Beziehungsaufbau führen
kann, dann erkennen wir, wie wichtig unser vermittelter
erster Eindruck ist.“*

Die Teilnehmer denken sich, dass nun der „Klassiker“ mit „Der
erste Eindruck entscheidet“ kommt und ein Teilnehmer äußert
laut:

*„Das kenne ich schon, wie wahrscheinlich die meisten
anderen Teilnehmer auch.“*

Der Trainer entgegnet ihm:

„Das ist super und wenn alle dann auch darauf achten, dann ist das wirklich gut! Die meisten Personen, auf die wir treffen, achten leider nur darauf, da sie es nicht anderweitig gelernt haben.

Bei mir lernt Ihr, dass der erste Eindruck tatsächlich nur ein Eindruck von vielen Einschätzungspunkten ist, auf den wir achten, um mit unserem Gegenüber einen guten Kontakt herzustellen.

Dabei legen wir meist Wert darauf, gleich am Anfang zu punkten.

Dies gilt es zu beachten:

- *„Angemessene" Kleidung und Sauberkeit*
- *Offener und freundlicher Blickkontakt*
- *Offene und freundliche Einstellung auf unser Gegenüber*
- *Persönliche namentliche Anrede (auf Titel achten)*
- *Persönliche Vorstellung*
- *Eröffnungssatz (am besten mit Bezug zum Thema und kein „wischi-waschi" Smalltalk)*
- *Körpersprache*

„Wer bereits in der Vorbereitung scheitert,
der bereitet das Scheitern vor!"

***Achtung:** Pünktlichkeit und Vorbereitung setze ich an dieser Stelle einmal voraus! Es heißt ja auch so schön: Wer in der Vorbereitung scheitert, der bereitet auch das Scheitern vor!" Wenn wir gut vorbereitet sind, dann können wir uns auch besser auf unser Gegenüber konzentrieren, haben weniger mit der eigenen Unsicherheit zu tun und nehmen die Signale von der anderen Seite besser wahr. Gute Vorbereitung erreiche ich natürlich auch durch professionelles wiederkehrendes Training, so dass der „Kommunikations- und Vertriebsmuskel" auch gut trainiert ist!*

An dieser Stelle gehe ich noch einmal näher auf den Punkt Körpersprache ein!

Wer von Euch hat denn schon einmal etwas über den nachhaltigen Eindruck von Körpersprache gehört?"

Alle Teilnehmer melden sich.

„Dann hab Ihr sicher auch schon davon gehört, was verschränkte Arme und sich nach hinten lehnen bedeutet?"

Ein Teilnehmer meldet sich und sagt:

„Das ist eine ablehnende Haltung!"

Der Trainer stimmt zu und erklärt:

„Ja, so kennen es die meisten aus dem Vertrieb. Das ist spannend, da es dann meist auch für eine entsprechende Haltung und Einstellung des Verkäufers sorgt und diese „Botschaft" kommt dann wiederum als Impuls bei dem Gesprächspartner an und sorgt für dessen Zustand! Gesetz der Resonanz – „Wie im Innen, so im Außen!"

Glaubt Ihr, dass dies besonders ergebnisorientiert und zielführend ist?

Besser ist es doch, wenn Du weiterhin eine offene Haltung bewahrst und auf mehrere Signale achtest, die Sie im Gesprächsverlauf erzeugen, um dann wiederum damit konkret umzugehen.

Es kann ja auch durchaus sein, dass die Körperhaltung des Gesprächspartners daraus resultiert, dass ihm kalt ist, er sich das Hemd oder die Krawatte bekleckert hat und verdecken möchte, die Sitzgelegenheit einfach keine Armlehnen zur Armablage hat oder die Haltung einfach nur bequem für den Kunden ist.

Wenn Du diese Ursachen als Option für seine Körperhaltung siehst, dann fällt doch das Urteil über Dein Gegenüber schon ganz anders aus und dementsprechend wertfrei kann das Gespräch geführt werden.

Achtung: *Die Summe der Signale machen das Bild komplett, so wie mehrere ineinander passende Puzzleteile ein Bild klarer werden lassen. Daher vermeide ein zu schnelles Schubladendenken, sondern sammle weitere Impulse, denn eine Vorannahme ist auch wie ein Vorurteil, das nicht immer zutreffen muss!*

Ein weiterer wichtiger Punkt in der Körpersprache ist die individuelle „Komfortzone".

Vielleicht kennt Ihr eine Situation, z.B. aus der Schul- oder Ausbildungszeit, in der Dir jemand „zu nahe getreten" ist.

Das heißt im Detail, dass diese Person in Deine Komfortzone eingebrochen ist und Du dadurch nicht mehr in der Lage warst, dem Inhalt des Gesprächs mit voller Aufmerksamkeit zu folgen.

Das liegt daran, dass Du die andere Person als zu nah empfunden hast, obwohl die Beziehung das noch gar nicht zuließ.

Du hast Dich unwohl gefühlt und hast mehr mit Deinem „Zustandsmanagement" zu tun gehabt, als Dich für den Gesprächsinhalt zu öffnen.

Das Ergebnis hinterher zeigt dann oft, dass Informationen untergegangen sind und das Erstaunen darüber auf der anderen Seite ist groß.

Mache es daher besser, indem Du die Komfortzone des Gesprächspartners beachtest und wertschätzt, nähere Dich langsamer. Der bekannte Abstand von einer Armlänge gewinnt dadurch auch an Bedeutung.

Achte auf die Signale im Gesicht des Gegenübers, denn dort lassen sich die entsprechenden Zeichen über unangenehme Nähe sehr gut lesen.

Beachte darüber hinaus auch die Stärke des Händedrucks und passe (spiegeln) diesen möglichst nahe an der Stärke des Gegenübers an.

Die andere Seite wird es als vertraut empfinden und Du wirst besser wahrgenommen, als wenn es sich für Dein

Gegenüber anfühlt, als hätte er „einen toten Fisch" in der Hand oder seine Finger werden zerquetscht."

Die Teilnehmer schmunzeln, denn ihnen fallen sofort einige Situationen ein, die sie in ähnlicher Form schon erlebt haben.

6.4. Aufmerksamkeitsphase

„In dieser Phase geht es darum, dass Du dem Gegenüber die volle Aufmerksamkeit schenkst und selbst die Aufmerksamkeit des Gesprächspartners gewinnst.

Deine Aufmerksamkeit ist während des kompletten Gesprächsverlaufs gefordert und auch wenn Du bemerkst, dass Dein Gesprächspartner diese vernachlässigt, dann gewinne sie zurück, z.B. mit Hilfe von Fragetechniken (siehe Absatz 6.8.) und durch Paraphrasieren (Absatz 6.8.).

Ein Tipp für Dich: Es ist wichtig, dass Du auf das Gespräch vorbereitet bist, Deine Wahrnehmungskanäle/Sinne offen und geschärft sind und Du aufmerksam hinhören kannst. Es ist wichtig und wertschätzend, dass Du Deinen Gesprächspartner „zum Reden" bringst und dann nicht unterbrechen durch eventuell vorschnelle „Geistesblitze", denn dadurch kann eine gut aufgebaute Beziehung wieder kaputtgehen.

Der Vorteil ist, dass Du dadurch viele wertvolle Informationen sammeln kannst und durch gezielt eingesetztes Nachfragen dem Gesprächspartner Interesse signalisierst.

Wenn Dein Gesprächspartner dann doch einmal zu lange und ausgiebig vom Thema abweicht, dann kannst Du ihn höflich unterbrechen.

Das funktioniert am besten mit der Nennung des Namens unseres Gesprächspartners, denn auf diesen hört er/sie schon seit Kindesbeinen an und danach „führst" Du das Gespräch elegant weiter mit der E.W.A.F.-Strategie (siehe späterer Absatz).

Die Aufmerksamkeit Deines Gegenübers gewinnst Du am besten, indem Du ihn/sie für Dein Thema interessierst und einfach auf den Punkt kommst. Damit wertschätzt Du einerseits die wertvolle Zeit des Gesprächspartners und andererseits auch die eigene, denn diese ist ebenfalls kostbar!"

Die Teilnehmer verfolgen die Worte des Trainers aufmerksam und dieser stellt den Teilnehmer eine entscheidende Frage:

„Was glaub Ihr, interessiert Euer Gegenüber am meisten? Was Ihr oder Euer Unternehmen alles so toll könnt oder was Euer Gegenüber oder dessen Unternehmen konkret davon hat?"

Die Teilnehmer überlegen kurz und finden, dass beides wichtig ist. Ein Teilnehmer meldet sich zu Wort, um seine Meinung allen mittzuteilen. Der Trainer reagiert auf seine Meldung:

„Ja, das stimmt und kaufen wird er letztlich den Vorteil für sich und das Unternehmen!

Daher ist es wichtig, dass ich präzise und strategisch formuliere und präsentiere." (siehe Absatz Angebotsphase)

6.5. Beziehung/Rapport (guter Kontakt) herstellen

Ein ganz entscheidender Punkt im Vertrieb ist der Beziehungsaufbau und einen guten Kontakt (Rapport/NLP) und Vertrauen herzustellen. Der Trainer erklärt, was es damit auf sich hat:

Das hören wir immer wieder und das könnt ihr auch in der meisten Literatur zu diesem Thema nachlesen. Leider wird oft vergessen, ein „Rezept" beizulegen, wie das denn in der Praxis mit dem Beziehungsaufbau funktioniert.

Ein wichtiger Tipp für die Begrüßung ist, dass Du den Blickkontakt zu Deinem Gesprächspartner suchst. Lächle und nähere Dich, wenn dieser Gesprächsbereitschaft signalisiert und gebt Euch die Hände. Achtet dabei darauf, dass Du Dich nicht zu schnell und in bedrängender Weise näherst, denn wir haben auch eine Komfortzone (Aura). Wenn wir in diese einbrechen, ohne eine Einladung erhalten zu haben (die Einladung erhalten wir über die zunehmende Beziehung), dann verursachen wir im „Bauchgefühl" unseres Kunden etwas Unangenehmes, ein Gefühl, dass für das Gespräch nicht förderlich ist.

Wir haben schon einiges über Small-Talk gehört. Doch wenn wir beginnen, unseren Gesprächspartner zu langweilen oder gar zu „schleimig" wirken, dann verursachen wir das Gegenteil einer guten Beziehung und haben bereits verloren.

Der Gesprächspartner bestimmt in den meisten Fällen die Länge des Small-Talk und eine Strategie ist es durchaus, wenn Du etwas Sinnes- oder Kontext spezifisches ansprichst. Sinne bedeutet etwas anzusprechen, was beide wahrnehmen können und Kontext bedeutet etwas anzusprechen, das beide wissen oder kennen. Dadurch verursachen wir beim anderen ein innerliches „bestätigen" und die Wirkung, dass der Gesprächspartner die Wahrheit spricht. Vertrauen entsteht! (Ich sehe …! / wir wissen ja …!)

Aus dem NLP kennen wir wirksame Techniken, die dabei helfen, eine gute Beziehung besser und schneller aufzubauen.

Die Gesprächspartner können so „eine Sprache" sprechen und auf einer „Wellenlänge" Signale senden. Sie verstehen einander und haben einen Austausch, der auf gleichem Niveau stattfindet. Das bedeutet für beide Seiten einen Gewinn, die klassische Win-win-Beziehung.

Wie genau funktioniert das?

Konflikte und Missverständnisse entstehen meist aus Informationsmangel und wenig Wertschätzung für die andere Seite. Wenn wir einmal davon ausgehen, dass in einem Gespräch beide Seiten aus einer unterschiedlichen Basis heraus miteinander kommunizieren, das heißt andere Werte, Glaubenssätze, Ziele, Erfahrungen, soziales Umfeld usw. haben, dann können wir nachvollziehen, wie wichtig es ist, zumindest einen gemeinsamen Nenner zu finden.

Wenn wir das anerkennen, wertschätzen und diese Erkenntnis mit in unser Gespräch nehmen, dann haben wir einen Nährboden für ein gutes Gespräch bestellt.

Jetzt kommt es nur noch darauf an, wie gut es mir durch meine verkäuferische Kompetenz gelingt, mich auf die Ebene des anderen zu begeben, um ein besseres und gemeinsames Verständnis zu erreichen.

Das kann ich über mehrere Wege bewerkstelligen. Für ein entsprechendes Training dieser Techniken empfehle ich gerne eine NLP-Ausbildung oder ein spezifisches Training, komme daher gerne entsprechend auf mich zu.

Wir können uns zum Beispiel auf der körperlichen Ebene anpassen (spiegeln), in dem wir unsere Körperhaltung angleichen (die Beine ebenfalls übereinander schlagen, Gestik, usw.).

Wir können die Lautstärke oder Sprechgeschwindigkeit anpassen oder auch ähnliche Sprachmuster oder Lieblingsausdrücke verwenden.

Es gibt einige Möglichkeiten, die unserem Gegenüber unbewusst signalisieren: Wir sind gleich, hier fühle ich mich wohl!

Es heißt ja auch sprichwörtlich: Gleich und gleich gesellt sich gern.

Du hast möglicherweise auch schon einmal die Erfahrung gemacht, z.B. auf einer Party, dass Du jemanden kennen gelernt hast und im Gespräch sofort eine gewisse Vertrautheit da war. Im Austausch bist Du so vom „Hölzchen auf`s Stöckchen" gekommen.

Das bedeutet, dass Du hier jemandem begegnet bist, der Deinen eigenen Mustern sehr ähnlich ist.

Du kannst Dir dann sicher auch leicht vorstellen, was durch die Fähigkeit des Spiegelns bei Personen bewirkt werden kann, deren Muster komplett anders aufgestellt sind, als die eigenen. Wenn Du diese Flexibilität einbringen kannst, dann kannst Du Dich auf Wunsch und nach Bedarf angleichen.

Dabei ist es wichtig zu beachten, dass die andere Person nicht „nachgeäfft" wird. Denke dabei an die Wertschätzung für Dein Gegenüber.

Starte mit ein bis zwei Punkten, die Du mit Hilfe der Wahrnehmung bemerkt hast und steigere Dich mit der Zeit.

Sprachmuster kannst Du ebenfalls sehr gut spiegeln, um mit Deinem Gegenüber „eine Sprache" zu sprechen.

Höre aufmerksam hin und so wirst Du häufiger genutzte Redewendungen erkennen, die Du wiederum auch in Deine Kommunikation einbauen kannst.

Ein Beispiel hierfür ist das Wort „spannend". Du kannst es bei häufiger Wiederholung sehr gut heraushören, um es dann ebenfalls zu nutzen.

Die „Königsklasse" ist die Fähigkeit, Sprachmuster der „Sinnes und Wahrnehmungskanäle" zu erkennen und einzusetzen.

Diese Fähigkeit passt auch in den nächsten Absatz, der sich mit der Kundenanalyse beschäftigt.

Wir Menschen nehmen Informationen über unsere Sinneskanäle (sehen – visuell, hören – auditiv, fühlen – kinästhetisch, riechen – olfaktorisch, schmecken – gustatorisch) auf und verarbeiten diese.

Wir sind zum Teil unterschiedlich stark in den einzelnen Kanälen aufgestellt und nutzen diese entsprechend.

Das wiederum spiegelt sich dann in den jeweilig favorisierten Sprachmustern wieder.“

Beispiele:

- Visueller Typ: *Überblick* verschaffen, das *sehe* ich anders, aus meinem *Blickwinkel* heraus usw.
- Auditiver Typ: das *hört* sich gut an, das *klingt* nicht schlecht, das ist *unharmonisch* usw.
- Kinästhetischer Typ: das *fühlt* sich gut an, dabei habe ich ein *komisches Gefühl*, damit *geht es mir nicht gut* usw.
- Olfaktorischer Typ: das *stinkt* mir gewaltig, das *riecht* nach Ärger usw.
- Gustatorischer Typ: das *schmeckt* mir gar nicht, dabei habe ich einen *bitteren Beigeschmack* usw.

Der Trainer nennt seinen Teilnehmern ein paar Beispiele aus der Vertriebspraxis:

„Wenn Du als Autoverkäufer einem kinästhetischen Typ überzeugen willst und mit visuellen Worten Ihr Verkaufsgespräch führst, wie z. B. stellen Sie sich bildlich vor (…), dann wirst Du damit weniger erfolgreich sein. Hier ist es besser, wenn Du sagst, dass er sich einmal in das Auto hineinsetzen soll, damit er spüren kann, wie geschmeidig es sich anfühlt.

Den visuellen Typ erreichst Du mit Worten wie: Gewinnen Sie einen Überblick und schauen Sie sich alles genau an.

Vielleicht können Sie sich schon jetzt vorstellen, wie Sie damit herumfahren.

Wenn D Dir noch nicht sicher bist, mit welchem Typ D es zu tun hast oder Du kommunizierst sogar mit mehreren Gesprächspartnern, dann empfehle ich Dir, immer mehrere Sinneskanäle anzusprechen und in der Präsentation Informationen, Bilder und etwas zum „Begreifen" (anfassen, Emotion) zu liefern, um allen etwas bieten zu können.

Um diesen Bereich richtig trainieren zu können, empfehle ich Dir auch hier eine NLP-Ausbildung, Coaching oder spezifisches Vertrieb oder Kommunikationstraining, die alle Möglichkeiten in der späteren Umsetzung liefert. Meine Kontaktdaten sind im Buch!

Spiegle fließend und hechten nicht hinterher, denn dann setzt Du Dich unter Druck, kannst dem Gespräch nicht mehr folgen und bewirkst das Gegenteil.

Wenn Pacing/ Spiegeln / Matching in einigen Einheiten gut eingesetzt wird und regelmäßig trainiert, wird es Dich bei dem Beziehungsaufbau deutlich unterstützen und die Ergebnisse werden für sich sprechen."

Die Teilnehmer werden sich bewusst, was für Möglichkeiten durch entsprechendes Training und Konditionierung dieser Technik auf sie warten. Viele fragen sich, wie denn die eigenen Sprachmuster sind und wie die der letzten Gesprächspartner waren. Sie beschließen, sich künftig intensiv mit den Sprachmustern auseinanderzusetzen

Achtung: Extra Tipp! Die Teilnehmer sind gespannt!

Jetzt habe ich noch eine weitere Möglichkeit für Euch, Eure Kunden noch spezifischer anzusprechen, Beziehung aufzubauen und „eine Sprache" zu sprechen!

In einer NLP Ausbildung gibt es auch die Methode nach Virginia Satir, die sich mit vier Menschentypen befasst. Diese werden als der „Ankläger", der „Rationalisierer", der „Ablenker" und der „Beschwichtiger" bezeichnet.

*Das mit den Menschentypen hat einen interessanten Ursprung, das „Buch der vier Säfte"! Es stammt aus der antiken Medizinlehre und beschreibt das Konzept der vier Körpersäfte, die in bestimmten Verhältnissen für das individuelle Temperament eines Menschen verantwortlich seien. Daraus leiten sich vier Typen ab: der **Sanguiniker** (optimistisch, gesellig), der **Phlegmatiker** (ruhig, ausgeglichen), der **Choleriker** (zielorientiert, energisch) und der **Melancholiker** (analytisch, detailorientiert).Es gibt etliche Modelle, die dieses Konzept mit anderen Namen, nach Farben oder Tieren usw. darstellen*

Im Vertrieb kann das Wissen über diese Typen helfen, Kunden besser zu verstehen und individuell anzusprechen. Durch die Identifikation des Persönlichkeitstyps können Vertriebler gezielter auf Bedürfnisse und Kommunikationspräferenzen eingehen und so das Vertrauen und die Zufriedenheit der Kunden steigern.

Nach Virginia Satir gibt es noch einen fünften Typen, den „Leveler"! Das ist jemand, der seine eigenen Muster kennt und dem es in den Gesprächen gelingt, den anderen zu identifizieren und sich auf dessen Levrel zu begeben. Dadurch

*werden auch Fehler vermieden, die zu einem Bruch in der
Beziehung führen können.*

*Beispiel 1: Ein Verkäufer - Sanguiniker (gelber Typ / Ablenker
)trifft auf einen Kunden -Melankoliker (blauer Typ /
Rationalisierer) und überfrachtet diesen mit zu viel Dynamik,
ohne Fakten, Zahlen und Informationen zu liefern. Das passt
nicht!*

*Beispiel 2: Ein Verkäufer – Choleriker (roter Typ, Ankläger)
trifft auf einen Kunden Phlegmatiker (grüner Typ,
Beschwichtiger) und ist zu Abschlussorientiert, ohne mehr
Fokus auf die Beziehung zu legen. Passt nicht!*

Die Teilnehmer hören fasziniert zu und erkennen auch ihre
Möglichkeiten, worauf sie in Zukunft mehr achten können und
ahnen, dass sie in der Vergangenheit dadurch wohl die ein oder
andere Möglichkeit und Lead nicht optimal genutzt haben.

6.6. Wertschätzung

*„Der Begriff Wertschätzung ist schon mehrfach im
Seminarverlauf genannt worden.*

Was genau bedeutet denn Wertschätzung?

*Es ist wichtig seinen Gesprächspartner zu loben und hierfür
gibt es immer Ansatzpunkte, z.B. eine Äußerung/Aussage,
usw.*

*Wir alle freuen uns doch über ein Lob. Das erhalten wir
allerdings meist im Alltag nicht so oft und genau so geht es
Deinem Gegenüber auch. Darüber hinaus ist es so, dass
das „Abwehrverhalten" bei einem Lob nicht greift, es sei
denn, dass Du maßlos übertreibst.*

Nutze daher im Gesprächsverlauf ruhig Antworten wie:

- *Das ist ein interessanter Standpunkt.*
- *Gut, dass Sie das gleich sagen!*
- *Sie haben sehr konkrete Vorstellungen und das hilft
  uns weiter!*
- *Das ist ein wichtiger Hinweis!*
- *Gut, dass Sie noch einmal darauf zu sprechen
  kommen!*
- *Ihre Informationen sind eine gute Ausgangsposition
  für ein maßgeschneidertes Angebot!*
- *Das ist eine wichtige Frage!*
- *Ich freue mich über Ihr offenes Wort!*

*Wie genau Du diese Aussagen am besten einsetzen
kannst, dass erfährst Du, wenn wir uns nachher mit der
E.W.A.F.- Strategie beschäftigen."*

Die Teilnehmer sind begeistert, denn sie wissen, dass ihnen
diese Sätze fließend über die Lippen gehen werden.

Sie passen sehr gut in ihre Gesprächsverläufe und so können
nahtlos einfügt werden.
Der Trainer fügt noch hinzu:

*„Zusätzlich könnt Ihr auch zustimmend nicken und
bestätigende „Geräusche" wie Ok, Mhm, Ja usw. von Euch
geben. Dadurch signalisiert ihr dem Gesprächspartner,
dass Du aufmerksam dabei bist und aktiv zuhörst."*

6.7. Bedarfs- und Kundenanalyse

*„Dann können wir uns jetzt der Bedarfs- und
Kundenanalyse zuwenden.*

*Menschen kaufen aus sehr verschiedenen persönlichen
Gründen und haben eine unterschiedliche Kaufmotivation.
Finde diese Gründe heraus, dann hast Du die Möglichkeit,
den nächsten Kunden zu gewinnen.*

*Hierunter fallen auch die Ängste des Kunden und das
gekoppelte Bedürfnis nach Sicherheit.*

*Was benötigen wir denn innerhalb unserer Kommunikation,
um genau diese Informationen zu erhalten?*

Ein Teilnehmer sagt:

„Fragen und Fragetechniken!"

Andere Teilnehmer nicken bestätigend, da ihnen auch bestimmte Fragetechniken bekannt sind. Der Trainer geht näher darauf ein:

„Gute Antwort! Ich gehe davon aus, dass ihr alle schon etwas über Fragetechniken gehört habt!

Fragen sind so wichtig, weil sie Gedanken in eine bestimmte Richtung lenken und entscheidenden Einfluss auf unsere Gefühle und Aktionen haben. Sie setzen Impulse, die zum nachdenken anregen und darüber hinaus zeigst Du dem Gesprächspartner, dass Du interessiert bist und Dir Zeit für ihn nimmst.

Sorge dafür, dass ein Gespräch im Fluss bleibt und dass der Kunde nach Antworten sucht." Das sind dann wiederum *„Steilvorlagen"* die wir für Angebot, Vorabschluss und Abschluss nutzen können. Wenn hier entscheidende Informationen überhört werden, dann lassen wir Umsatz und Kundenzufriedenheit liegen!

6.8. Fragetechniken

Der Trainer steigt sofort mit einer Frage ins neue Thema ein:

Wer kann ein Beispiel für eine Fragetechniken nennen?

Teilnehmer:

„Geschlossene Fragen, die nur mit einem Ja oder Nein enden! Zum Beispiel: Haben Sie dieses Jahr schon in die Weiterbildung Ihrer Mitarbeiter investiert?“

Ein anderer Teilnehmer antwortet:

„Alternative Fragen, die zwei oder mehrere Möglichkeiten beinhalten! Wie zum Beispiel: Haben Sie diese oder nächste Woche Zeit für einen Termin?“

Der Trainer kommentiert:

„Sehr gut! Beim letzten Beispiel ist es so, dass Dein Gesprächspartner nur vermeintlich eine Alternative hat, da Du ja die Möglichkeiten bereits genannt hast. Das bedeutet, dass dies eine manipulative Frage ist.

Wenn schon Alternativen, wie eben genannt, angeboten werden, was ist Euch dann für eine Antwort in diesem Beispiel lieber?“

Der Teilnehmer sagt klar:

„Der nächste Termin und das heißt in dieser Woche!"

Und der Trainer gibt ihm einen wichtigen Tipp mit:

„Nenne die favorisierte Antwort immer zum Schluss!

Der Grund ist, dass unser Kurzzeitgedächtnis sich die zuletzt genannten Inhalte besser merkt und die „Wunschantwort" wird dadurch wahrscheinlicher!

Was habt ihr noch für Beispiele?

Ein weiterer Teilnehmer meldet sich und erzählt:

„Begründete Fragen, die eine Begründung für die jetzt gestellte Frage liefern!

Zum Beispiel: Herr/Frau XYZ , Ihre Aussagen und Informationen sind wichtig für ein auf Sie zugeschnittenes und maßgeschneidertes Angebot. Darf ich mir während unseres Gespräches einige Notizen machen?"

Ein anderer Teilnehmer weiß auch noch eine Antwort:

„W-Fragen, das sind Fragen, die mit W beginnen wie zum Beispiel: Was, wie , warum, welche, wo, wann, weshalb, wieso usw.
Sie verhelfen zu einem offenen Gespräch und zum Austausch und natürlich, um Informationen zu sammeln!"

Der Trainer freut sich über die zahlreichen Antworten und
vervollständigt die Fragensammlung:

*„Meine Empfehlung hierzu ist noch, nach Möglichkeit die
Worte „wieso", „weshalb" und „warum" vermeiden, da wir
damit den Gesprächspartner in die Ecke treiben und er
dadurch das Gefühl bekommt, er muss sich rechtfertigen.*

*Dann gibt es noch eine Möglichkeit, die ich sehr gerne für
eine „Vorabschluss-Frage" einsetze. Das ist die
„Angenommen-Frage":*

*Einmal angenommen, ich kann Sie heute durch meine
Informationen und Präsentation überzeugen, sodass wir
Ihre Ziele erreichen können, kann ich Sie dann als
meinen Kunden gewinnen?*

*Das hört sich für viele Verkäufer erst einmal zu
„draufgängerisch" an und ich empfehle Euch, es durchaus
einmal einzusetzen, denn ihr wisst ja, nur wer fragt, der
kann auch*

etwas erhalten oder initiieren!"

*Ich gebe Euch an der Stelle gerne noch als Geschenk eine
zusätzliche Fragetechnik – die „indirekte Frage!"*

*Durch diese Technik erreichen wir, dass die Frage nicht zu
druckvoll kommt, jedoch den Kunden aktiviert, über die
Frage nachzudenken.*

Beispiel 1: Lieber Kunde, ich weiß nicht, ob sie sich schon einmal die Frage gestellt haben, ob ……..?

Beispiel 2: Lieber Kunde, ich stelle mir gerade die Frage ……?

In beiden Fällen kann der andere gar nicht anders, als über die Frage kurz nachzudenken, denn er hat sie ja gerade laut gehört! Danach kann ich ja wieder offen fragen: „Wie sehen Sie das?"

Die Teilnehmer finden das hochgradig spannend, denn darüber und über die Wirksamkeit, haben sie sich noch nie Gedanken gemacht.

Grundsätzlich gilt: „Mehr Fragen als Sagen!"

Oft hat es bei Verkäufern, die ich beobachte oder im Tagesgeschäft begleite und coache eher den Eindruck des Überreden wollen und dadurch überzeugen. Das ist fatal und zahlt auch nicht auf die Beziehung ein. Fragen hat viele Vorteile: Beziehungsaufbau durch echtes Interesse zeigen, Informationsgewinn, weniger Wiederstand und Einwände da wir jetzt viel gezielter ein Angebot mit Nutzen – Argumentation präsentieren können, die Chance um bereits einen Vorabschluss zu formulieren

Grundsätzlich gilt:

„Weniger sagen – mehr fragen!"

6.9. Die Meta-Modell-Fragetechnik

„Dann sind wir jetzt auch soweit, dass wir noch einen Schritt weiter gehen können. Oft erhalten wir auf unsere Fragen Antworten, die uns noch wichtige Informationen vorenthalten. Die meisten lassen diese Antworten einfach im Raum stehen, ohne dass näher darauf eingegangen wird.

Das Meta-Modell der Sprache (aus dem NLP) hilft uns dabei, diese fehlenden Informationen einzuholen.

Das bedeutet, dass wir auch genau hinhören müssen, ob uns die Aussage genügt oder ob wir hierzu noch mehr erfahren möchten.

Wenn eine Aussage unvollständig ist, dann sprechen wir hier von einer Meta-Modell-Verletzung und einer oberflächlichen Aussage.

Wenn wir uns entschieden haben, dass uns Informationen fehlen, dann gehen wir durch Nachfragen von der „Oberflächenstruktur" in die „Tiefenstruktur".

Dass Informationen weggelassen werden, ist durchaus üblich und geschieht nicht aus böser Absicht. Wir Menschen verfügen über ein Filtersystem, das stark reduziert.

Unsere Kompetenz ist es jetzt, dass wir nachfassen und die Möglichkeit gewinnen, durch gezielte Fragen, neue Denkimpulse mit Aha-Effekt auf der anderen Seite zu erzeugen und wichtige Informationen zu erhalten."

Der Trainer teilt jetzt einige Unterlagen mit Beispielen aus, die von den Teilnehmern schriftlich zu lösen sind.

Beispiele:

- Aussage: *Das* haben *wir* hier schon *immer* so gemacht!
  Frage: Was genau haben Sie schon immer so gemacht? Wer hat was genau gemacht? Haben Sie das schon immer so gemacht und wie oft genau? Was würde den passieren, wenn Sie es einmal anders versuchen?

- Aussage: *Wir* haben schon ein *Angebot* vom *Wettbewerber!*
  Frage: Haben Sie oder das Unternehmen schon ein Angebot vom Wettbewerber? Wie genau sieht das Angebot vom Wettbewerber aus? Was genau können Sie sich vorstellen, was Sie noch benötigen, der Wettbewerber Ihnen aber nicht bietet?

- Aussage: Die *Ergebnisse* sollen *gesteigert* werden!
  Frage: Was meinen Sie genau mit Ergebnissen? Was genau verstehen Sie unter gesteigert und wohin? Was ist das konkrete Ziel?

- Aussage: Ihr Angebot ist *eindeutig* zu *teuer!*
  Frage: Was genau ist im direkten Vergleich zu teuer? Womit vergleichen Sie das Angebot?

- Aussage: Ich *kann* mich *jetzt noch nicht* zum Kauf entscheiden!
  Frage: Was hindert Sie an einer Entscheidung? Was für

Informationen benötigen Sie noch als
Entscheidungshilfe? Wann werden Sie sich zum Kauf
entscheiden können? Womit kann ich Sie in Ihrer
Entscheidung unterstützen?

Die Teilnehmer lösen die Beispiele in den Unterlagen durch
genaues hinterfragen. Im Austausch mit den anderen
Teilnehmern bemerken die meisten, dass sie auf sehr gute
Fragemöglichkeiten gekommen sind. Sie sind sich auch hier
sicher, dass sie mit der entsprechenden Übung und
Aufmerksamkeit die unvollständigen Aussagen ihrer Kunden
erkennen können und diese in Zukunft deutlich besser während
des Kontakts hinterfragen werden.

Nachdem die Aufgabe gelöst wurde, fasst der Trainer
abschließend zusammen:

*„Die „Verletzungen" innerhalb der Sprachmodelle
entstehen, wie ihr bemerkt habt, durch Tilgung (Information
wird weggelassen), Verzerrung (Information wird verändert)
und Generalisierung (Information wird von einer Erfahrung
auf alle übertragen / verallgemeinert).*

*Allen Teilnehmern, die mit dem Gedanken spielen, eine
NLP-Ausbildung zu absolvieren, sich spezifisch darauf
Couchen zu lassen oder Inhouse in ihrem Unternehmen
weiter zu trainieren, kann ich versichern, dass diese
Technik dort sehr intensiv trainiert wird. Wir können hier in
der Kürze leider nur einen ersten, sehr kleinen Eindruck
vom Umfang dieses hochwirksamen Modells gewinnen."*

6.10. Neurologische Ebenen

*„Ein weiteres nützliches „Werkzeug" aus dem NLP sind die
neurologischen Ebenen. Diese bezeichnen ein Modell, das
Robert Dilts mit Bezug auf die Erkenntnisse von Gregory
Bateson und den „Lerntypen" erstmalig entwickelt hat.*

*Die Einsatzmöglichkeiten der neurologischen Ebenen sind
sehr vielfältig. Sie können z. B. bei uns selbst, in
Gesprächsanalysen, bei der Zielearbeit, Projekten, in
Team- oder Unternehmensaufstellungen angewendet
werden.*

*Die logischen Ebenen bilden ganz allgemein ausgedrückt
ab, wie Menschen (oder auch Unternehmen) intern
organisiert sind. Dabei wirken die höheren Ebenen in der
Regel stärker auf die unteren ein, als umgekehrt.
Tiefgreifende Ereignisse können allerdings auch in beiden
Richtungen eine Veränderung bewirken.*

*Sehen wir uns doch einmal die verschiedenen Ebenen an
und prüfen diese für Dein Verkaufsgespräch:*

9. *Vision*

8. *Identität*

7. *Werte*

6. *Glaubenssätze*

5. *Strategische Ziele*

4. *Operative Ziele*

3. *Fähigkeiten/Fertigkeiten*

2. *Tätigkeiten/Verhalten*

1. *Umgebung/Umwelt*

Du kannst auf jeder Ebene mit den W-Fragen arbeiten, z. B.: Wofür, für wen, wer, warum/was ist der Grund (Ziel), wo, wann, mit wem, wie oder auch was?

Das gilt für Deine verkäuferische Identität und Persönlichkeit ebenso wie für das Kundengespräch und den Ansprechpartner.

Wir starten nun mit Fragebeispielen zur unteren Ebene und gehen dann immer eine Ebene weiter nach oben!

1. *Umgebung: Wo genau wollen Sie unser Produkt/Dienstleistung einsetzen?*
2. *Tätigkeiten: Was genau wollen Sie/müssen wir tun?*
3. *Fähigkeiten: Was genau muss unser Produkt/Dienstleistung für Sie können?*
4. *Operative Ziele: Was genau wollen Sie erreichen (überschaubar/messbar)?*
5. *Strategische Ziele: Was genau wollen Sie erreichen (längerfristige Ziele/ein bis zwei Jahre)*
6. *Glaubenssätze: Wie ist Ihre Einstellung zu unserem Produkt/Dienstleistung und Angebot? (positiv oder negativ)*
7. *Werte: Was ist Ihnen wirklich wichtig? Was ist für Sie der wichtigste Punkt?*
8. *Identität: Wo sehen Sie sich als Unternehmen?*
9. *Vision: Wie und wo sehen Sie sich (Unternehmen) in der Zukunft? Wo sehen sie den größten Bedarf, dieses übergeordnete Ziel zu erreichen?*

Ist Dir etwas bei dieser Vorgehensweise aufgefallen?"

Ein Teilnehmer meldet sich und antwortet:

„Ja, mir ist aufgefallen, dass mir durch die Ebenen eine klare

Zuordnung und strategische Vorgehensweise ermöglicht wird und ich auch von Ebene zu Ebene fließend wechseln kann.

Das kann ich sehr gut nutzen, wenn sich das Gespräch auf einer Ebene bewegt, die jetzt zum Thema/Inhalt weniger passend ist. Ich kann dann das Gespräch auf eine geeignetere Ebene lenken. Ich erhalte auch die Möglichkeit, dass ich im Dialog ganz bewusst diese Punkte der Ebenen mit meinem Gesprächspartner durchgehe und so bereits eine positive Rückmeldung erhalte. Das erleichtert mir dann den finalen Abschluss.
Wenn ich danach vorgehe, erhält das gesamte Gespräch noch einmal eine bessere Struktur. Das gibt mir und dem Kunden ein Gefühl von Sicherheit, wenn alle wichtigen Punkte auch angesprochen wurden.“

Der Trainer ist erstaunt, wie viele Möglichkeiten er bereits erkannt hat und ergänzt die restlichen Vorteile:

„Ja, da hast Du schon vieles aufgespürt! Ein weiterer Vorteil ist übrigens, dass Du Zeit sparst, wenn Du z.B. die Glaubenssätze oder Ziele schon jetzt ansprichst. So umgehst Du, dass diese Punkte plötzlich wieder vor dem schon sicher geglaubten Vertragsabschluss auftauchen und Du wieder von vorne anfangen musst.“

Die Teilnehmer können dies nur bestätigen, denn sie haben das selbst schon häufiger erlebt.

6.11. Meta-Programme

„Ein weiterer beachtenswerter Punkt in der Kundenanalyse ist die Arbeit mit den Meta-Programmen.

Die Meta-Programme werden in einer guten NLP Ausbildung sehr genau durchgesprochen und trainiert und das gibt es sonst nur in einem sehr professionellen Führung oder Vertrieb - Training. Hier und heute möchte ich Euch gerne ein paar Impulse mitgeben, so dass Ihr eine Idee davon bekommt, welche Chancen sich durch den gezielten Umgang mit den Meta-Programmen ergeben!

Meta-Programme sind personenspezifische Wahrnehmungsfilter, die wir in uns haben. Sie sind Strukturen und Muster unseres Verstandes, die unser Denken und Verhalten bestimmen, wie wir zum Beispiel mit Informationen umgehen.

Meta-Programme sind uns normalerweise nicht bewusst.

Wenn wir allerdings unsere Aufmerksamkeit darauf richten, dann können wir bewusst mit ihnen umgehen.

Im Gespräch können wir das wiederum sehr vielfältig nutzen, wie zum Beispiel im Beziehungsaufbau, während der Änderung der Wahrnehmung von Informationen und auch während den Überlegungen beim Bewerten und besser noch Verwerten von Antworten und den daraufhin von Euch gestellten Fragen.

Ihr erkennt, wie das Angebot bzw. die Dienstleistung weiter typengerecht präsentiert werden kann, sodass sich der

*Kunde etwas darunter vorstellen kann und es außerdem
auch noch interessant findet."*

Die Teilnehmer sind hochkonzentriert und neugierig, denn das
Thema Meta-Programme ist völlig neu für sie.

*Einige spannende Charakteristika zum identifizieren
entsprechender Typen können wir an gewissen
Sprachmustern innerhalb der Antworten und Aussagen im
Gespräch erkennen.*

*Die Kauf- und Entscheidungsmuster des Kunden, die wir
dann erkennen, sind Motivationsmuster und
Verarbeitungsmuster unseres Gesprächspartners.*

*Interessiert Euch, wie Ihr diese Muster in einem
Kundengespräch erfassen könnt?"*

Die Teilnehmer nicken und bemerken, dass die ganze
Teilnehmergruppe sehr gespannt darauf ist, was der Trainer
nun zu sagen hat.

*„Ich gehe mit Euch einige Beispiele zu den jeweiligen
Mustern durch, die Euch die Gelegenheit geben werden,
diese schon in den nächsten Gesprächen zu üben."*

Motivationsmuster:

<u>Musterprogramm proaktiv – reaktiv</u>

Proaktiv – aktive, kurze klare Sätze

Reaktiv – eher nachdenken, abwarten

Sprachmuster proaktiv: „Legen wir einfach los!"

Sprachmuster reaktiv: „Lassen Sie mich einmal darüber nachdenken, wenn ich das analysiert habe!"

Erkennen von proaktiv – reaktiv:

Proaktiv: Menschen, die eher schnell und in kurzen Sätzen sprechen und die Sache einfach angehen. In der Körpersprache sind sie lieber in der Bewegung, als zu lange ruhig zu sitzen.

Reaktiv: Menschen, die eher in langen Sätzen sprechen und eine schnelle Entscheidung lieber noch einmal vertagen. In der Körpersprache fällt es Ihnen eher leicht, lange und ruhig zu sitzen.

Identifizierungsfrage: „Möchten Sie, dass wir gleich loslegen oder wollen Sie noch einmal darüber nachdenken?"

<u>Musterprogramm hin zu – weg von</u>

Hin zu – erreichen, bekommen, auf etwas zugehen

Weg von – vermeiden, ausschließen, Probleme erkennen

Sprachmuster hin zu: „Was ist Ihnen wichtig?"/„Sie sprechen über das, was Sie erreichen wollen!"

Sprachmuster weg von: „Was wollen Sie vermeiden?"/„Sie sprechen über das, was Sie auf keinen Fall möchten!"

Erkennen von hin zu – weg von

Hin zu: Menschen, die sich über Ziele motivieren, auf der Suche sind und darüber erzählen, was sie erreichen möchten und wie sie die Zukunft geplant haben.

Weg von: Menschen, die sich über das Vermeiden motivieren und darüber erzählen, wie sie unangenehme Situationen am besten verändern können.

Identifizierungsfrage: „Was ist Ihnen bei meinem Angebot besonders wichtig und was soll es bewirken?"

<u>Musterprogramm internal – external</u>

Internal – weiß es selbst

External – andere Referenz, Fakten, Zahlen

Sprachmuster internal: *„Natürlich wissen Sie selbst am besten, was für Sie die richtige Entscheidung ist!"/„Ich bin davon überzeugt!"/„Das fühlt sich gut an!"*

Sprachmuster external: *„Ich möchte noch einmal andere Meinungen einholen, bevor ich mich entscheide!"/„Aktuelle Studien und Umfragen sagen dass…!"*

Erkennen von internal – external

Internal: Menschen, die Dir sagen, wofür sie sich entschlossen haben, ob sich das Angebot gut anfühlt und die auf der Basis der Informationen selbst entscheiden.

External: Menschen, die Dir mitteilen, ob sie von Außerhalb Informationen erhalten haben, auf die sie dann zurückgreifen und in der Entscheidung unterstützen.

Identifizierungsfrage: „Wenn Sie sich jetzt entscheiden, woran wissen Sie, dass dies die richtige Entscheidung ist?"

Verarbeitungsmuster:

<u>Musterprogramm Detail – global</u>

Detail – kleinere Einheiten, exakt

Global – Gesamter Überblick, willkürliche Reihenfolge

Sprachmuster Detail: „Können Sie mir das noch genauer in Einzelheiten erklären?"/„Lassen Sie uns das Schritt für Schritt besprechen und jeden Punkt durchgehen!"

Sprachmuster Global: „Wenn wir zusammen arbeiten wollen, dann verschaffen Sie mir erst einmal einen Überblick!"/„Ich muss erst einen Gesamteindruck gewinnen!"

Erkennen von Detail – global

Detail: Menschen, die Dir zuerst alle Details erzählen, die wichtig sind und das am besten in der Abfolge der einzelnen kleinen Schritte. Darüber hinaus fragst Du genau nach diesen Details in einem Gespräch.

Global: Menschen, die mit dem Überblick starten, ohne sich mit kleinen Unterpunkten lange aufzuhalten. Von zu vielen Details in einem Gespräch werden sie eher gelangweilt und Ihre Aufmerksamkeit nimmt ab.

Identifizierungsfrage: „Möchten Sie gleich in die Details gehen oder sich zuerst einen Überblick verschaffen?"

<u>Musterprogramm Gleichheit – Gegenteil</u>

Gleichheit – genauso wie, wie immer, in Übereinstimmung

Gegenteil – etwas anderes, ja aber, etwas neues, mehr

Sprachmuster Gleichheit: „Das soll genau so sein wie immer!"/„Das ist altbewährt !"/„Das soll in Übereinstimmung mit XYZ sein!"

Sprachmuster Gegenteil: „Ich möchte es anders machen!"/„Wir müssen einfach raus aus dem alten Muster!"

Erkennen von Gleichheit – Gegenteil

Gleichheit: Menschen, die Dir über Dinge berichten, die gleich geblieben sind und das es gut so ist. Sie suchen eher nach Analogien und sortieren nach vertrautem, bewehrtem und bekannten. Veränderungen mögen sie nicht besonders.

Gegenteil: Menschen, die eher darauf hinweisen, was sich bereits verändert hat und das sie auch auf der Suche nach etwas anderem sind.

Identifizierungsfrage: „Bevorzugen sie eher das altbewährte oder haben sie eher Interesse an etwas Neuem und Innovativen?"

<u>Musterprogramm personenbezogen – objektbezogen</u>

Personenbezogen – Menschenorientiert, Konzentration auf Gefühle und Gedanken

Objektbezogen – Sachorientiert, Konzentration auf
Aufgaben und Ideen

Sprachmuster personenbezogen: „Wir waren mit Herrn
XYZ sehr zufrieden!"/„Wir haben einen sehr
kompetenten Vertriebsleiter!"

Sprachmuster objektbezogen: „Senden Sie uns
Unterlagen und wir prüfen das Angebot ob es für das
Unternehmen von Vorteil ist!"/„Wenn wir uns für diese
Anlage entscheiden, wann ist dann der Prozess der
Einarbeitung *beendet?"*

Erkennen von personenbezogen – objektbezogen

Personenbezogen: Menschen, die über Personen,
Gruppen, Leute oder das Team sprechen und dabei
eigene Gefühle und Gedanken oder die anderer zur
Sprache bringen.

Objektbezogen: Menschen, die eher über das Projekt,
Produkte und Aufgaben sprechen und Menschen eher
als Objekte betrachten.

Identifizierungsfrage: „Wenn wir zusammen arbeiten,
was ist dann das wichtigste für Sie?"

*„Jetzt hast Du einige Musterprogramme kennen gelernt und
Beispiele für die entsprechenden Sprachmuster und
Identifizierungsfragen erhalten.*

*Höre daher in den kommenden Gesprächen schon einmal
genauer hin, was Du entsprechend zuordnen kannst und
nutze diese als Möglichkeiten, für die Gestaltung eines
positiven Gesprächsverlaufs.*

*Wenn Du das Thema Meta-Programme mit NLP vertiefen
möchten, dann sprich mich ruhig darauf an."*

6.12. Präsentation der Angebote

Gehen wir jetzt zu einem weiteren wichtigen Thema über, dem Präsentieren des Angebotes.

Über typengerechtes Anbieten haben wir schon etwas bei der Wahrnehmung und der Sinnessprache gehört, wie eben auch bei den Meta-Programmen.

Ein wesentlicher Punkt ist auch die Art und Weise, wie Du Dein Produkt oder die Dienstleistung anbietest und was Du in der Kommunikation hervorhebst!

Es geht dabei um die Frage: Was kauft der Kunde?

Viele Verkäufer verlieren sich darin, lange über das zu erzählen, was sie oder ihr Unternehmen alles können und wie „toll" sie sind. Sie widmen einen geringeren Zeitanteil dem tatsächlichen Kundennutzen und Vorteil.

Was meinen Du kauft der Kunden die tollen Leistungen oder kauft er letztlich seinen Nutzen bzw. Vorteil?"

Ein Teilnehmer äußert spontan:

„Natürlich seinen Vorteil und Nutzen!"

Der Trainer entgegnet ihm:

Sehr gut und denke in Deiner Kommunikation auch immer daran!

Bilde am besten Satzketten und stelle für das Kurzzeitgedächtnis des Kunden den Nutzen in den zweiten Teil der Satzkette!

Zum Beispiel: Wir können gerne nächste Woche liefern und das bedeutet für Sie, dass das Produkt schon am 1. des kommenden Monats in Ihrem Regal zur Verfügung steht.

Zerlegen wir einmal das Beispiel:

1. *Was wir können steht am Anfang (schnelle Lieferung)*
2. *Der Kundennutzen steht im zweiten Teil (hat es schon am 1. des nächsten Monats)*
3. *Partnerbezogene Sprache (für Sie)*
4. *Brückenwort zum Bilden von Satzketten (bedeutet)*

Setze gezielt diese „Brückenworte" zum Hervorheben der Kundenvorteile ein, denn die Wirkung, ist enorm!"

Die Teilnehmer sind begeistert und formulieren in Gedanken schon die ersten Sätze.
Der Trainer merkt noch weitere Umsetzungsmöglichkeiten an:

„Nutze hierfür Worte wie zum Beispiel: bedeutet, bewirkt, bringt, sorgt für, und, darüber hinaus, sichert, maximiert, gewährt, festigt, spart, leistet, minimiert, verdient, usw. um Satzketten entstehen zu lassen.

Achte darüber hinaus auf die so genannte direkte Kundenansprache (z. B. für Sie, Ihnen, Ihr usw.), denn diese kommt dann auch direkt bei Deinem Gesprächspartner an.

Die „Königsklasse" unter den Satzketten ist dann erreicht, wenn Du einen zweifachen Kundennutzen einbaust und diesen hervorhebst!

Das ist recht einfach, wenn Du vorab Deine Hausaufgaben gemacht hast und genügend Vorteile für den Kunden gesammelt und „abgespeichert" hast, denn jetzt ist der richtige Zeitpunkt, um damit zu glänzen.

Nimm Dir die Zeit, schon vor dem Gespräch die Kundenvorteile zu sammeln und aufzulisten, damit sie Dir zur Verfügung stehen, wenn Du diese für die Präsentation abrufen darfst. Diese verknüpfst Du dann mit den Brückenworten!

Machen wir das doch gleich einmal mit unserem letzten Beispiel:

„Wir können gerne nächste Woche liefern und das bedeutet für Sie, dass Sie das Produkt schon am 1. des kommenden Monats in Ihrem Regal zur Verfügung steht und das maximiert Ihren Umsatz!"

Zerlegen wir also erneut:

1. Was wir können steht unverändert am Anfang (schnelle Lieferung)
2. Der Kundennutzen steht im zweiten und dritten Satzteil (hat es schon am 1./mehr Umsatz)
3. Partnerbezogene Sprache (für Sie, in Ihrem, Ihren)

4. Brückenworte zum Bilden der Satzketten und zum Hervorheben des Kundenvorteils (bedeutet, und, maximiert)

Jetzt kannst Du gerne die Gelegenheit nutzen, für Dein eigenes Produkt oder Dienstleistung einige Satzketten zu bilden!"

Brückenworte:

____

____

____

Kundenvorteile:

____

____

____

Eigene Beispiele:

____

____

____

6.13. Kommunikationsstrategien

„Gehen wir jetzt gemeinsam nach der schriftlichen Übung und der Präsentation der eigenen Beispiele zu dem nächsten inhaltlichen Punkt, den Kommunikationsstrategien, über. Hier ein kurzer Überblick der Kommunikationsstrategien, die wir in diesem Kapitel behandeln werden:

- *Schwache Sprachmuster*
- *Personenbezogene Anrede*
- *Einwand - Behandlung*
- *E.W.A.F.-Strategie*
- *Reframing/Umdeuten*
- *Paraphrasieren*

Beginnen wir mit dem ersten Punkt.“

Schwache Sprachmuster

„Was sind denn schwache Sprachmuster und was stellst Du Dir darunter vor?“

Teilnehmer:

„Wenn etwas eher schwammig ausgedrückt wird!“

Trainer:

„Gut und was macht denn unsere Aussage schwammig?“

Teilnehmer:

„Wenn ich mich nicht genau oder direkt und mit den Worten „wenn", „aber", „könnte" und „würde" ausdrücke."

Trainer:

„Ja, sehr gut!
Um es genau auszudrücken, es handelt sich hier um die sogenannten „schwachen Konjunktive". Diese haben sehr viele Menschen in Ihrem Sprachgebrauch und leider verwenden auch sehr viele Verkäufer diese in Ihrem Kundengespräch.

Was glaubt Ihr kommt in einem Kundengespräch besser an, eine schwammige oder eine klare und präzise Ausdrucksweise?

Teilnehmer:

„Eine klare und präzise Ausdrucksweise ist sicher besser, aber wie bekomme ich das aus meiner Sprachgewohnheit wieder heraus?"

Trainer:

„Diese Gewohnheit hast Du irgendwann einmal erlernt und konditioniert. Was wir einmal erlernt haben, das können wir auch wieder „verlernen", nämlich indem wir unsere Aufmerksamkeit darauf richten und trainieren.

Jedes neue Lernen hat seine Entwicklungsstufen. Ein guter Vergleich ist zum Beispiel das Autofahren!

Trainer: „Wer von Euch hat einen Führerschein?“

Alle Teilnehmer heben ihre Hand.

*„Als Ihr Euch in der Fahrschule angemeldet habt, da habt
Ihr Euch auf dem Weg zum Führerschein auf der untersten
Entwicklungsstufe bewegt, denn Ihr wusstet noch nicht,
was ihr alles nicht wisst!*

Das nenne ich die „unbewusste Inkompetenz“.

*Die nächste Entwicklungsstufe ist dann bereits die
„bewusste Inkompetenz“, denn da weißt Du, was Du alles
noch erlernen musst.*

*Wenn Ihr Euch jetzt aktiv mit dem Lernen beschäftigt, dann
erlangt Ihr die nächste Stufe, der „bewussten Kompetenz“.*

*Dort angekommen, wisst Ihr vieles bewusst. Das ist dann
oft der Zeitpunkt, wenn wir unsere Führerscheinprüfung
bestehen.*

*Dabei ist unsere Aufmerksamkeit noch sehr stark auf unser
bewusstes Handeln konzentriert.*

*Die darüber liegende Stufe ist die „unbewusste
Kompetenz“, dort haben wir unser Handeln verinnerlicht.
Bei unserem Vergleich mit dem Autofahren ist es dann so,
dass wir unsere Aufmerksamkeit schon nach vorne, z. B.
auf die Rücklichter richten können und das Bremsen der
anderen Verkehrsteilnehmer wahrnehmen. Wir schalten
und bremsen automatisch, ohne darüber nachzudenken.*

Genau so können wir auch unsere Sprachmuster trainieren."

Die Teilnehmer finden den Vergleich mit dem Führerschein sehr treffend. Die natürliche Lernentwicklung, über die sie sich so noch nie Gedanken gemacht haben, ist für sie dadurch klar geworden.

„Ich möchte Euch nun einladen, dass Ihr hier schon beginnt und Euch mit den schwachen Konjunktiven beschäftigt. Ihr erhaltet als Vorgabe einige Sätze von mir. Die Aufgabe ist es, die schwachen Konjunktive zu erkennen und dann den Satz und die Aussage so zu verändern, dass dieser ohne diese Schwachmacher auskommen."

Beispiele:

Wäre es möglich, dass Sie mir sagen könnten, was Ihnen an meiner Präsentation gefallen hat?

____

____

____

Könnten Sie mich vielleicht bis nächste Woche zurückrufen?

Meine Terminmöglichkeit wäre der 15. Februar.

Könnte es sein, dass Sie eventuell eines unserer Produkte in Ihr Sortiment aufnehmen würden?

Personenbezogene Anrede

„Achtet in Eurem Gespräch, egal ob es am Telefon oder im direkten Blickkontakt ist, auf die Besonderheit von Sender und Empfänger, denn der Empfänger macht letztlich die Wirkung der Botschaft aus.

Achtet auf Eure Wortwahl, nicht dass Du durch unbedachte Aussagen oder „Killerphrasen" einen „Beziehungsteufel" herbei schwörst.

Das kann leider sehr schnell passieren, wie Du anhand folgender Beispiele leicht erkennen kannst."

Beispiele:

<u>Aussage:</u> Das habe ich Ihnen doch schon einmal erklärt!

<u>Der Kunde versteht:</u> Ihnen muss man alles zweimal sagen.

<u>Aussage:</u> Jetzt habe ich schon mehrfach vergeblich versucht Sie zu erreichen!

<u>Der Kunde versteht:</u> Wo treiben Sie sich denn dauernd herum.

<u>Aussage:</u> Das haben Sie nicht richtig verstanden!

<u>Der Kunde versteht:</u> Sie sind nicht intelligent genug oder haben nicht aufgepasst.

Einige Teilnehmer glauben zwar von sich, dass ihnen das nicht passiert, nehmen sich dann aber doch vor, lieber darauf zu achten. Außerdem wollen sie in Zukunft beobachten, wie sie reagieren, wenn ihnen solche Aussagen begegnen.

Der Trainer fragt zum Abschluss noch einmal in die Runde:

„Können Ihr Euch jetzt vorstellen, was mit derartigen Aussagen ausgelöst wird und wie die Haltung des Gesprächspartners Euch gegenüber sein wird?"

Einvernehmliche Zustimmung der Teilnehmer.

„Sehr schön, dann können wir zu unserem nächsten Punkt übergehen. Mit den Aspekten der personenbezogenen Anrede haben wir uns ja bereits im Themenbereich „Präsentation der Angebote" beschäftigt, so dass wir uns direkt dem Thema Einwand - Behandlung zuwenden können."

Einwandbehandlung

„Ich erlebe in meinen Seminaren immer wieder, dass sich Verkäufer durch die Wiederstände des Kunden, wie Einwände und Vorwände, aus der Bahn werfen lassen und ihre Schlagfertigkeit und Argumentationsfähigkeit komplett zum erliegen kommt.

Hier taucht dann oft der entscheidende Unterschied auf, der aus Euch einen erfolglosen oder einen erfolgreichen Verkäufer macht – die Vorbereitung.

Jetzt fragt Ihr Euch vielleicht, auf was und wie hat er sich vorbereitet? Das beantworte ich gerne.

Wenn Ihr einmal Eure vergangenen Verkaufsgespräche analysiert, dann wird Euch auffallen, dass sich Vorwände und Einwände je nach Dienstleistung oder Produkt in einer überschaubaren Anzahl wiederholen. Das heißt, dass Du diese höchstwahrscheinlich nicht zum ersten Mal hörst. Manchmal sagt mir sogar ein Verkäufer in der Schulung: „Dann kommen die mir immer mit …!" und wiederholt den entsprechenden Einwand.

Das ist ein klares Zeichen dafür, dass sich nur geärgert wird (Bewertet), anstatt professionell nachzuarbeiten (Verwertung), um einen Lerneffekt mitzunehmen und das nächste Mal auf genau diese Situation besser vorbereitet zu sein.

Deine Hausaufgabe ist es, das Du Dich genau auf diesen Einwand oder Vorwand so vorbereitest, dass Du beim nächsten Gespräch nicht mehr überrascht bist und argumentierst und reagieren kannst.

Ihr wisst ja bereits aus Eurer Erfahrung, dass diese Hürden in den unterschiedlichsten Phasen des Kundenkontaktes, von der Terminvereinbarung bis zum Abschluss, immer wieder auftauchen können.

Verändere Deine Einstellung und Haltung gegenüber Einwänden und Vorwänden und freue Dich darauf, denn jetzt hast Du die Gelegenheit auf dem Weg zu Deinem Verkaufserfolg entscheidend zu punkten, indem Du

*kompetent und sicher die „Hürden" wegargumentierst und
den Kunden so überzeugst.*

*Was genau ist denn überhaupt der Unterschied zwischen
einem Vorwand und einem Einwand?"*

Ein Teilnehmer glaubt, die Frage beantworten zu können und
sagt:

*„Ein Vorwand ist etwas vorgeschobenes, hinter dem sich
der Kunde in einer ersten Reaktion versteckt oder flüchten
möchte. Ein Vorwand ist eher ungenau, während ein
Einwand schon deutlicher und konkret ist."*

Der Trainer darauf:

*„Ja, das ist richtig und das bedeutet in der Praxis, dass wir
die eigentlichen Einwände hinter dem Vorwand durch
Hinterfragen ergründen müssen. Wenn wir das erreicht
haben, dann ist die Bahn für die Einwand - Behandlung frei.*

*Das erreichen wir, indem wir die bereits angesprochenen
Werkzeuge, wie zum Beispiel die Fragetechnik, einsetzen.
Gehe mit Deinen Fragen in die Tiefe und setze bei dem
Gesprächspartner die entscheidenden Impulse, sodass er
es überdenkt und eine andere Sichtweise einnimmt.*

*Ich stelle Euch nun eine Strategie für die Einwand -
Behandlung vor, die ich sehr elegant finde. Wir können*

*diese sehr gut im Gespräch bei Einwänden des Kunden
einsetzen, um die Konversation wieder in die von uns
erwünschte Richtung zu bringen. Hier fügen sich einige
angesprochene Schulungsinhalte schlüssig zu einer Einheit
und Gesprächsstrategie zusammen."*

E.W.A.F.-Strategie

„Ich spreche hier von der E.W.A.F.-Strategie!

- *E. steht für Einwand (Kundeneinwand oder
  Vorwand)*
- *W. steht für Wertschätzung (anerkennen der
  Aussage des Kunden)*
- *steht für Antwort (auf die Aussage des Kunden)*
- *F. steht für Frage (mit der Frage spielen Sie
  den Ball wieder zum Kunden, führen und
  drehen das Gespräch und setzen Impulse)*

Typische Vorwände oder Einwände sind zum Beispiel:

- *kein Budget, zu teuer,*
- *kein Interesse,*
- *im Moment keine Zeit,*
- *später,*
- *wir haben schon ein Angebot,*
- *sie wollen mir nur etwas verkaufen,*
- *schicken Sie mir einmal etwas zu,*
- *eine Terminanfrage am Telefon ist unseriös,*
- *rufen Sie später wieder an, ich bin gerade im
  Meeting,*
- *ich habe schlechte Erfahrungen gemacht*
- *und viele mehr.*

Nehmt Euch bitte jetzt die Zeit und sammelt für die Gesprächsvorbereitung die relevanten Vorwände und Einwände, die Euch im Tagesgeschäft von den Kunden genannt werden."

Eigene Beispiele:

____

____

____

„Wenn Du einige Beispiele gefunden hast, dann kannst Du schon jetzt damit beginnen, das Gespräch mit der E.W.A.F.-Strategie zu entwickeln."

Beispiel:

E. „Wir haben schon einen Lieferanten."

W. „Herr XYZ danke, dass Sie das so direkt ansprechen, denn das ist eine wichtige Information."

A. „Es ist natürlich wichtig, dass Sie Lieferanten haben und Sie sich auch darum kümmern, um die besten Angebote und Qualitäten für Ihr Unternehmen zu prüfen. Das ist ja auch der Grund, weshalb wir beide zusammen sitzen."

F. „Von welchem unserer Produkte möchten Sie denn als erstes mehr erfahren?

„Ihr seht anhand des Beispiels, wie wir nach dem Einwand des Kunden diesen noch loben, eine angemessene Antwort liefern und dann mit der Frage das Gespräch wieder drehen und den Dialog mit dem Kunden weiterführen."

„Du hast die Zügel in der Hand und kontrollierst damit den Gesprächsverlauf!"

Eigene Beispiele:

E____

____

____

W.

____

____

____

A.

____

____

____

F.

____

____

____

E.

____

____

____

W.

____

____

____

A.

____

____

____

F.

____

____

____

„Bereite Dich mit dieser Strategie vor und bleibe ein aufmerksamer Verkäufer, damit Du sicher und schlagfertig reagieren kannst."

Reframing/Umdeuten

*„Wir gehen nun nach dieser schriftlichen Übung zu einem
weiteren Baustein in Eurer Kommunikationsentwicklung.*

*Wer von Euch kennt das Wort und die Bedeutung
„Reframing" noch nicht?"*

Die Teilnehmer schauen sich unter den anderen Teilnehmern
um, bevor einer die Hand langsam hebt und bemerkt, dass die
anderen ähnlich reagieren oder eine entsprechend leichte
Kopfbewegung machen. Offensichtlich kennt noch keiner den
Begriff. Ein Vertriebskollege, der für ein anderes Gebiet
zuständig ist sagt:

„Frame bedeutet doch Rahmen!"

Der Trainer antwortet:

*„Super, denn genau darum geht es. Indem wir z. B. einer
Aussage einen anderen, neuen Rahmen und dadurch eine
andere Bedeutung oder Blickwinkel geben als bisher,
erzeugen wir eine andere Wahrnehmung der gleichen
Aussage. Die Wirkung ist verblüffend.*

*Die Aussage wird dadurch in einen anderen Kontextgestellt,
dadurch kann der Inhalt der Aussage vom
Gesprächspartner neu bewertet werden.*

*Nehmen wir einmal an, Euer Kunde ist folgender Meinung:
Ihr Produkt ist zu teuer!
Jetzt steht „zu teuer" im Raum.*

*Wenn Du darauf reagierst und sagst: Unser Produkt ist
teuer und dafür funktioniert es, dann hast Du automatisch
teuer mit funktioniert verknüpft.*

Habt Ihr bemerkt, was dadurch geschehen ist?"

Die Teilnehmer signalisieren ein „Ja".

*„Reframing funktioniert schnell und ist zudem
wertschätzend. Ihr könnt damit neue Verhaltensweisen und
Aussagen bei einem Kunden etablieren.*

*Denkt daran, dass es zwei Seiten einer Medaille gibt und
sucht flexibel, die für Dich und den Gesprächspartner
positive Seite aus. Verändert die Sichtweise nach dem
Motto: „Die Energie folgt der Aufmerksamkeit!"und
konzentriert Euch wie bei einer reifen Beerenhecke auf die
Früchte und springt nicht in die Dornen!*

*Das funktioniert auch mit der eigenen Motivation. Die
Aussage „viel Arbeit", die im ersten Moment bei vielen ein
eher negatives Gefühl auslösen kann, kann im
Umkehrschluss ja auch „einen guten Umsatz haben"
bedeuten und eine positive Einstellung erzeugen.*

*Oft genügt auch schon das kleine Wort „noch" eine
Veränderung. Schaue Dir z.B. diese Aussage an:*

Die Teilnehmer verstehen genau, was der Trainer mit den
Beispielen bewirken möchte und nehmen sich fest vor, in den
kommenden Kundengesprächen einmal genauer auf diese Art
der Wortwahl zu achten.

Paraphrasieren

„Eine weitere Strategie ist das Paraphrasieren. Mit dem paraphrasieren, wiederholst Du den Inhalt des Gespräches und fasst ihn noch einmal kurz zusammen, nachdem Du zuvor v genau, konzentriert und ohne zu unterbrechen den Ausführungen des Kunden zugehört hast.

Beginne diese Wiederholung zum Beispiel mit:

- *Wenn ich Sie richtig verstanden habe, dann…*
- *Besonders wichtig ist Ihnen, dass…*
- *Fassen wir noch einmal kurz zusammen. Ihnen …*
- *Sie sagen also dass …*

Das hat den Vorteil, dass Du deinem Gegenüber durch die Wiederholung zeigst, dass Du Ihn verstanden hast. Dafür holst Du Dir am Ende der Zusammenfassung das Ja des Kunden ab. Wenn der Kunde die Wiederholung nicht positiv erwidert, dann hast Du die Gelegenheit gewonnen, weitere Informationen einzuholen. Danach paraphrasierst bzw. wiederholst Du erneut und fragst nach. Wenn dann das Ok des Kunden für die richtige inhaltliche Zusammenfassung kommt, dann kannst Du mit Deinem Gespräch fortfahren. Wenn dies noch nicht geht, dann wiederhole erneut, bis das Ok kommt.

Welcher Vorteil entsteht durch diese Vorgehensweise?“

Ein Teilnehmer meldet sich zu Wort:

„Ich bestätige dem Kunden, dass ich Ihn verstanden habe!"

Trainer:

„Ja, das ist richtig und was bedeutet das?"

Teilnehmer:

„Ich signalisiere, dass ich mit meiner Aufmerksamkeit voll und ganz bei Ihm bin und keine Informationen verloren gegangen sind!"

Trainer:

„Ganz genau. Wir vermitteln dadurch auch ein gutes Gefühl bei unseren Gesprächspartnern und darüber hinaus sorgt es dafür, dass wir von vornherein Missverständnisse weitgehend ausschließen. Dadurch sparen wir auch Zeit, die wir sonst bei einem späteren Klärungsbedarf aufbringen müssen.

Wenn Du dann die Bestätigung erhalten hast, dann kannst Du mit Deiner Antwort und weiteren Fragen das Gespräch lösungsorientiert fortsetzen und kommst einen Schritt weiter, zur Investitionsverhandlung und zum Preisgespräch."

„Happy Hypos" und „Magic Words"

Der Trainer stellt noch eine weitere kommunikative Möglichkeit
vor und die Teilnehmer sind neugierig geworden!

*Ihr habt möglicherweise noch nicht von den Bezeichnungen wie
Happy Hypos oder Magic Words gehört, jedoch die hierzu
genutzten Worte kennt ihr bestimmt.*

*Mit Happy Hypos sind in den Raum gestellte Hypothesen
gemeint und mit Magic Words sehr wirksame Wortwahlen, da
diese bei unserem Gesprächspartner einen Effekt erzielen.*

Beispiele:

> **„grundsätzlich"**

　　Bilde einen Satz / Frage:

____

____

> **„einmal angenommen"**

　　Bilde einen Satz / Frage:

____

____

➢ **„einmal davon abgesehen"**

Bilde einen Satz / Frage:

____

____

____

➢ **„nur mal vorausgesetzt, dass…"**

Bilde einen Satz / Frage:

____

____

____

Welches Fazit / Erkenntnis gewinnst Du daraus?:

____

____

____

Das sind kleine Worte, die gezielt eingesetzt eine enorme Wirkung haben!

6.14. Preisgespräch/Investition und Vorabschluss

*„Das Preisgespräch und die Verhandlung sind für viele
etwas ganz Besonderes. Wie geht es Euch damit?"*

Ein Teilnehmer antwortet auf die Frage des Trainers:

*„Irgendwann müssen wir uns ja mit dem Kunden damit
auseinandersetzen!"*

Einige Teilnehmer denken sich, dass es ja gerade darum geht
und fragen sich, wie sie am besten damit umgehen können.

Der Trainer geht auf die Meldung des Teilnehmers genauer ein:

*„Ja, es ist schon interessant, wie Verkäufer damit umgehen
und wie Ihre Einstellung zur Preisverhandlung ist. Oft hört
man die Einstellung schon klar im Gespräch heraus, wie
auch gerade in diesem Beispiel.*

*Wenn die Aussage kommt: „Sie müssen sich mit Ihren
Kunden damit auseinandersetzen!", dann sind die
Ausdrücke „müssen" und „auseinandersetzen" schon
richtungsweisend.*

Wie sehr wirst Du durch diese Ausdrucksweise motiviert?"

Der Teilnehmer äußert sich:

„Gar nicht - es passiert eher das Gegenteil!"

Der Trainer bestätigt diese Auffassung:

„Ich sehe das ganz genau so und ich gebe Euch gerne ein positives Beispiel, um eine andere Haltung zu gewinnen.

Vermeidet das Bilden negativer Glaubenssätze und formuliert die inneren Dialoge positiv!

Zum Beispiel: „Ich freue mich, dass wir jetzt zur Preisverhandlung übergehen können, denn darauf habe ich hingearbeitet!"

Darüber hinaus bewirkt diese Einstellung, dass die Preisverhandlung einen nicht zu großen Raum einnimmt, sondern nur ein Teil des Verkaufsgesprächs ausmacht. Dadurch wird sie zu einem logischen, selbstverständlichen Anteil der Präsentation, der dazugehört und vom Gesprächspartner auch erwartet wird.

Vermeidet alles, was dem Gegenüber eine Aufgeregtheit oder Unsicherheit signalisiert und bleib ruhig, geduldig und mit Blickkontakt. Das signalisiert Sicherheit und ein Selbstverständnis gegenüber Angebot und Preis!

Euer Vorteil ist, dass Ihr auch die Signale des Gesprächspartners erkennt und deuten könnt, indem Ihr Euch auf äußerlich erkennbare Zeichen konzentriert. Das wird in der NLP-Ausbildung als Kalibrieren („Feineinstellung") bezeichnet und funktioniert sehr gut.

Ein Teilnehmer fragt:

„Was sind denn beispielsweise erkennbare Signale?"

Der Trainer gibt ihm eine ausführliche Antwort:

„Ich nenne gerne einige Beispiele.

Körperliche Signale sind:

- *Der Gesprächspartner beugt sich mit einer offenen Haltung nach vorn.*
- *Die Pupillen weiten sich ein wenig und zeigen, dass er sich auf Dich konzentriert.*
- *Der Kunde zeigt Signale von Entspannung im Gesicht und an der Haltung seines Oberkörpers.*
- *Der Kunde nickt zustimmend.*
- *Dein Gesprächspartner bekommt glänzende Augen wie ein kleines Kind.*

Sprachliche Signale sind:

- *Der Kunde fragt nach weiteren Möglichkeiten und Einzelheiten.*
- *Er spricht von sich aus über Vorteile der Zusammenarbeit.*
- *Der Kunde formuliert in „Sinnessprache" wie:*
  - *Das vermittelt mir ein gutes Gefühl.*
  - *Das kann ich mir sehr gut vorstellen.*
  - *Das hört sich gut an.*
    (Er zeigt dadurch, dass er sich schon damit anfreundet, dass Produkt oder die Dienstleistung zu erwerben.)

Eure Einstellung gegenüber dem eigenen Produkt oder Dienstleistung ist außerdem wichtig und hat eine Wertigkeit. In Zeiten von „Geiz ist Geil", einer zunehmenden Verbreitung von 1€-Läden und dem stetigen Wettbewerb um das günstigste Angebot, werden viele Verkäufer verunsichert und so wirken diese dann auch auf ihre Kunden.

Wir bekommen von allen Seiten den Eindruck vermittelt, dass das Land nur noch aus Schnäppchenjägern besteht oder eine Krise die andere jagt. Lasst Euch davon nicht anstecken!

Unsichere Verkäufer verinnerlichen sich, dass sie nur noch über den niedrigsten Preis verkaufen können, um dann ihren Verkaufserfolg zu haben. Dabei ignorieren sie komplett, dass viele im Wettbewerb genau so eingestellt sind und es dabei immer einen anderen geben kann, der ein günstigeres Angebot abliefert. Achtung: „Umsatz bedeutet nicht Gewinn!"

Das heißt, dass billiger nicht auch automatisch einfacher wird. Wie weit wollen wir mit dem Preis noch nach unten gehen? Sollen wir eventuell auch noch Geld in die Preisverhandlung mitbringen?

Den Unterschied machen wir mit der Einstellung und Überzeugung, dass unsere Dienstleistung bzw. Produkte auch ihren Wert haben. Wir stehen dazu und in der Argumentation haben wir ja auch den Bedarf, den Nutzen und die Vorteile für den Kunden mit ihm herausgearbeitet und damit das Angebot für den Kunden attraktiv gemacht.

Wir können die Attraktivität für den Kunden noch steigern, wenn wir die Gelegenheit nutzen und über Zeugen überzeugen. Das bedeutet, dass wir mit aussagefähigen Tests (Zahlen, Daten, Fakten), Berichten aus der Fachpresse und Referenzen weitere Punkte bei dem Kunden sammeln können und damit einen positiven Kaufentscheid bewirken.

Weitere Pluspunkte erhalten wir, wenn es gelingt, den Kunden in eine Ja-Schiene zu führen, indem wir seine Zustimmung erfragen. Das ist zu empfehlen, wenn wir auch sicher sind, ein Ja zu erhalten. Achtung: „Nicht übertreiben!“

Wenn es dann um die Zahlen und den Preis geht, dann ist es von Vorteil, dass wir dem Kunden auch das positive Gefühl vermitteln, gut verhandelt zu haben und er sein Gesicht wahrt.

Das Ziel ist optimal erreicht, wenn wir eine Win-win-Beziehung aufgebaut haben und beide Seiten mit einem guten Ergebnis aus dem Gespräch gehen.

Hierzu einige Tipps von mir, die sehr gut eingesetzt werden können:

- *Baue vorab einen Preispuffer ein, den Du sehr gut nachlassen kannst.*
- *Halte sich einiges an Mehrwert und Serviceleistungen für das Angebot bereit und übertreffe damit den Wettbewerber. Achtung: „Nicht alles herausschießen, sondern zum nachlegen noch etwas zurückbehalten!"*
- *Nenne dem Kunden den Preis und zeige damit, dass Du keine Angst hast, hinter dem Angebot zu stehen.*
- *Biete Deinem Kunden ein gewisses Preisspektrum, um von einem hohen Angebot auch in kleinere Preiseinheiten herunter brechen zu können. Tipp: Eine gute Frage ist: „Auf was wollen Sie verzichten?" – Wer will schon verzichten?*
- *Formuliere einen Zugewinn für den Kunden und erreiche damit einen positiven Effekt.*
- *Für Ihre Investition bekommen Sie/erhalten Sie/beinhaltet für Sie ……..*

Wenn Ihr es geschafft habt und den Auftrag gewinnt, dann kommt eine wichtige und zukunftsorientierte Phase. Ich gehe davon aus, dass Du für Deine Kunden nur das Beste willst und auch an einer langfristigen Zusammenarbeit mit weiteren Aufträgen und Empfehlungen interessiert bist."

Achtung: *„Anhaun – Umhaun – Abhaun" – erzeugt keine nachhaltige Kundenbeziehung und kein Empfehlungsgeschäft, sondern hinterlässt nur verbrannte Erde!" Der Fokus auf schnellem Gewinn hat den Effekt: „Gier frisst Hirn!"daher mein Appell: „Mache es besser!"*

*Der **„Vorabschluss"** kann durchaus in unterschiedlichen Phasen des Gesprächs auftauchen. Gerade, wenn Fragen gestellt werden, Bedarf und Lösungswünsche benannt werden, sind das richtige Vorlagen.*

Ein Teilnehmer meldet sich und stellt die Frage, wie genau das umgesetzt werden soll!

Gute Frage und da helfe ich Euch gerne weiter! Ein Beispiel ist: „Wenn wir das Thema für Sie lösen können, sind wir dann im Geschäft?" oder „Wenn wir das zu Ihrer Zufriedenheit beantworten können, starten wir dann die Zusammenarbeit?"

Das sind, wie bereits besprochen, die sogenannten „Geschlossenen" Fragen und was kann dann kommen: Ja, Nein, vielleicht!" Damit können wir rechnen und sind als Profi natürlich darauf vorbereitet. Bei Ja starten wir die Präsentation, bei Nein oder vielleicht fragen wir wieder offen, was noch benötigt wird, um auch diese Informationen zu sammeln und damit umzugehen.

Der Vorabschluss ist ein wirksamer Zwischenschritt zum Abschluss, da ihr Euch auch immer auf die Aussage berufen könnt!

Das leuchtet den Teilnehmern ein und wollen das in Zukunft gezielt strategisch besser in die Gespräche einbauen.

6.15. Abschluss mit future pace (Blick in die Zukunft)

„Ein Auftrag, der dem Kunden im Endeffekt Nachteile bringt, ist nur für einen kurzen Moment zu Deinem Vorteil.

Du kannst Dir sicher vorstellen, dass ein enttäuschter Kunde nicht mehr bei Dir bestellt und darüber hinaus sicher kein gutes Haar an Dir und Deinem Unternehmen lässt.

Wir geben immer unsere „Visitenkarte" ab und Du und auch die Prozesse im Unternehmen, die Zusammenarbeit von Innen- und Außendienst, sorgen dafür, wie Du wahrgenommen wirst. Handle daher kundenorientiert und hinterlasse keine verbrannte Erde, denn dann hast Du noch lange Freude an einer gelungenen Geschäftsbeziehung."

Achtung: *„Denke immer daran, nach dem Verkauf ist vor dem Verkauf!"(Folgegeschäft)*

Teilnehmer zum Trainer:

„Was sind denn Deine Empfehlungen, um den Kunden gut zu hinterlassen?"

Trainer:

„Meine Empfehlungen nenne ich Dir gerne. Sie setzen im Grunde schon direkt nach dem Abschluss an, denn manchmal ist doch noch ein wenig Unsicherheit des Kunden zu spüren. Gehe darauf ein und vermeide dadurch eine später einsetzende Kauf-Reue vermeiden. Bleibe auch zum Ende entspannt und breche in Ruhe auf. Du vermeidest damit das Gefühl beim Kunden, dass Du nach der Zusage schnell flüchtest, um beispielsweise einer weiteren Frage zu entgehen.

Die Aussage, nach dem Verkauf ist vor dem Verkauf, ist mittlerweile ja den meisten im Vertrieb bekannt und weist klar auf eine weiterhin gelungene Zusammenarbeit hin.

Denn genauso wichtig, wie neue Kunden zu gewinnen, ist es auch, bestehende Beziehungen zu pflegen.

Tipp: *„Der Umsatz liegt in der Bestandskundenliste!" Das wird oft unterschätzt.*

Achtung: *„Schaffe Dir Deine Kunden mit Langzeitwirkung und übernimm aktiv die Verantwortung für Ihn, sonst übernimmt es ein anderer!"*

- *Gebe dem Kunden Sicherheit für seine Entscheidung und gratuliere ihm dazu, den gewünschten Geschäftspartner gefunden zu haben.*
- *Gebe weitere Sicherheit, indem Du Deinem Kunden sagst, wie viel Freude er in Zukunft mit dem Produkt oder der Dienstleistung haben wird.*
- *Spreche noch einmal die gelungene Abwicklung und die künftig langfristige Zusammenarbeit mit dem Kunden an.*
- *Melde Dich zeitnah nach einer gelungenen Abwicklung und pflege die Beziehung durch regelmäßige Kontakte.*
- *Bleibe auch bei Bestandskunden stets aufmerksam, denn der Wettbewerb ist es auch.*
- *Bleibe auch bei gleichbleibenden Aufträgen des Kunden am Ball und fragen nach weiteren Möglichkeiten und Bedarf des Kunden, denn oft führt schon eine Frage zu mehr Umsatzwachstum.*
- *Nutze Maßnahmen zur Kundenbindung, indem Du dem Kunden einen „After-Sales-Service" anbietest, wie z. B. eine Hotline mit Kundenservice, Gewährleistung, Einarbeitungsunterstützung, Nachcoaching usw. So sicherst Du Dir auch in „stürmischen wirtschaftlichen Zeiten" die Loyalität Ihres Kunden.*

- *Hast Du private Informationen des Kunden erhalten, wie Geburtstage, Hobbys, Urlaub usw., dann mache Dir*

Notizen und nutze diese, um eine persönliche Beziehung weiter auszubauen.

- *Nimm den Kunden in Deinen Verteiler für E-Mail- oder Telefonaktionen auf und Informieren über aktuelle Zusatzangebote.*
- *Lade den Kunden auch einmal zu einem Event (Kundentag - Veranstaltung usw.)ein.*

Wenn Du diese Tipps beherzigst, dann gewinnst Du auch das Wohlwollen des Kunden und dadurch die Möglichkeit, aktiv nach Empfehlungen zu fragen.

Wie oft hast Du in der Vergangenheit Deine Kunden aktiv auf Empfehlungen angesprochen?"

Die Teilnehmer schauen sich untereinander betroffen an und einer spricht es aus:

„Das mache ich nie!"

Der Trainer:

„Genau damit bist Du leider nicht alleine und dabei bleibt dann auch leider eine Menge an Neukunden und Umsatz liegen. Wenn Du Dich nicht aktiv um diesen eventuell noch ungenutzten Markt kümmerst, dann wird es ganz bestimmt früher oder später Dein Wettbewerb tun.

Lasse dieses mögliche Neukundenpotential nicht ungenutzt liegen! Du kannst Dir bestimmt vorstellen, dass sich eine wohlwollende Empfehlung gewiss leichter für einen Auftrag begeistern lässt, als ein „Kalter Kontakt", der noch nie von Dir gehört hat

6.16. **Angebot und Nachfassen**

***„Bist Du Angebot - Weltmeister, jedoch leider Nachfass –
Amateur?"***

Die Teilnehmer schauen sich etwas betroffen an und fragen
sich, was der Trainer damit meint.

Trainer:

*„Ich habe leider sehr oft die Erfahrung in Unternehmen
gemacht, dass der Vertrieb soweit gut unterwegs war und am
Ende dass entsprechende Angebote versendet hat. Das war es
dann leider und der Außendienst verlässt sich dann auf den
Innendienst, der „Hunter" auf den „Farmer" und umgedreht."*

*Der Effekt ist dann leider, dass die Verantwortlichen denken,
damit ist alles sicher und der Umsatz steht, was ja durchaus
passiert. Wenn allerdings der Kunde noch Fragen hat und Du
bist nicht nahe dran, dann beantwortet er sich diese selbst und
das nicht zwingend in Deinem Sinne. Noch schlimmer ist es,
wenn ein Mitbewerber einen Termin bei Deinem
Gesprächspartnergewinnt, denn er trifft dann auf einen vorab
von Dir „ausgebildeten" Kunden und beantwortet jetzt die
Fragen natürlich in seinem Sinn.*

*Daher schaffe Dir ein System, in dem Du die Angebot –
Nachverfolgung gezielt in Deinem Tagesgeschäft terminierst,
denn sonst lässt Du potentiellen Umsatz liegen!"*

Die Reaktion der Teilnehmer ist etwas betretenes Schweigen,
denn ganz offensichtlich, fühlen sich einige ertappt!

6.17. Erfolge feiern und weiter geht's

Meine Empfehlung, gönne Dir auch etwas mit Deinen Erfolgen und feier das oder lass Dich feiern, denn das hast Du Dir verdient! Du weißt selbst am besten, womit Du Dich belohnen kannst und erlaube es Dir!

Achtung: *Bleib allerdings „hungrig" nach dem nächsten Abschluss oder dem nächsten Umsatzvolumen und ruhe Dich nicht auf den vergangenen Erfolgen aus. Bleibe Achtsam beim Kunden und reagiere positiv auf die Veränderung der Märkte oder der Wirtschaftslage und nass Dich nicht von negativer Stimmung herunterziehen, denn wo die einen jammern, machen die Profis zu selben Zeit Umsatz und erzielen Gewinne!*

Ich freue mich, wenn Ihr die vorgestellten Inhalte nutzt – trainiert und das am besten regelmäßig. Wenn Du dabei weiteren Bedarf bemerkst, eine Nachjustierung in einzelnen Schulungsbereichen möchtest, dann nimm gerne mit mir Kontakt mit mir auf. Wenn Du andere kennst, die auch diesen Bedarf haben, dann freue ich mich auf Deine Empfehlung!

Ich bedanke mich für Deine aktive Mitarbeit und wünsche Dir viel Erfolg!

Die Teilnehmer bedanken sich und klopfen aus Zeichen Ihrer Anerkennung mit den Händen auf die Tischplatte. Sie das Gefühl, dass sie das richtige Seminar besucht haben und freuen sich schon jetzt auf die Umsetzung im Tagesgeschäft.

7.   BONUS Material

7.1.Bumerang – Methode

Die Bumerang Methode ist ein schönes Instrument der Kommunikation und Schlagfertigkeit, mit dem Du auf die Aussage oder Einwand des Gesprächspartners reagieren kannst.

Wie ein Bumerang, der zurückkommt, kommt die Aussage oder der Widerstand des Gesprächspartners auf diesen zurück!

Wie geht das? Beispiele:

> *Aussage Kunde – Reaktion „ja, genau aus diesem Grund ist es ja wichtig ….!"*

> *Aussage Kunde – Reaktion „richtig, gerade deshalb ….!"*

> *Aussage Kunde – Reaktion „genau und zusätzlich ist es ja wichtig….!*

Danach kannst Du gerne auf Deine Reaktion mit einer geschlossenen oder offenen Frage eine Bestätigung abholen, die dann wiederum zum weiteren Gesprächsverlauf und Deinem Angebot führt!

Beispiele zu Fragen nach dem Angebot:

> *Geschlossen: Sehen Sie das genau so?*

> *Wie sehen Sie das?*

7.2. Ampelschaltung frei nach dem TZI Modell

„Meistens verlieren Verkäufer Aufträge an bessere Verkäufer und nicht an bessere Unternehmen!"

Darum gilt es, die eigene Überzeugungskraft und Wirkung kontinuierlich zu stärken. Du kannst überprüfen, ob es bei Deinem Gesprächspartner noch einen Widerstand gegenüber Dir als Verkäufer, der Überzeugung von Produkt oder

Dienstleistung oder gegenüber Deinem Unternehmen gibt.
Wenn die „Rote – Motivationslinie" auch nur in einem Bereich in
Richtung Ampelschaltung in Richtung 6 überschritten wurde,
dann steht dem Verkauf noch etwas im Wege.

*„Widerstand und Konflikt haben Vorrang, daher kläre zuerst den
entscheidenden Punkt und hebe Deinen Gesprächspartner
über die Kaufentscheidung – Motivationslinie!"*

Hierzu dienen die persönlich entwickelten und trainierten
Verhaltens- und Kommunikationsfähigkeiten und hinzu kommt
die Möglichkeit „Über – Zeugen" (Referenzen) zu wirken.

Nutze daher die Überzeugungsskala, denn was wir wissen ist,
dass dein Interessent definitiv irgendwo auf der Skala stehen
wird!

Wie genau geht das?

1. Persönliche Wirkung als Verkäufer

2. Presse- und Marktberichte

3. Referenzen und Kundenerfahrungen

4. Beispiele

„Ampelschaltung"	Verkäufer	Produkt	Unternehmen
10			
9			
8			
7			
6			
------------------	------------	------------	------------
5			
4			
3			
2			
1			

Wirkung:

- Du schaffst damit für Deinen Gesprächspartner zusätzliche Argumente, die für Dich, Dein Unternehmen, Produkte und Dienstleistung sprechen!

- Du benötigst auch nicht überall ein 10, es ist allerdings wichtig, dass Du die „Kauf – Motivation – Hürde" überwindest und dadurch der Interessent ein positives Gefühl entwickelt!

7.3. **Salz in die Wunde – Taktik**

Beispiel:

Ein Staubsauger - Vertreter bittet darum, ein Kopfkissen zu holen, dass er kurz ausklopft, dann das Kissen und den Boden absaugt. Danach, zeigt er das Ergebnis unter einer mikroskopischen Lupe mit Vergrößerungsglas dem Interessenten und sagt dazu: „Einiges davon lebt und hat ziemlich lange Beine!"

Welche Reaktion wird er erhalten?

Wie und womit kannst Du die „Schmerzen" (Bedarf) des potentiellen Interessenten vergrößern und ein Bewusstsein der eventuellen Konsequenzen schaffen?

Deine Beispiele und Impulse:

____

____

____

____

____

____

*„Wenn die **Hin- zu Motivation** nicht funktioniert, dann nutze die **Weg – von Motivation** oder verknüpfe beide!"*

Jetzt kannst Du durch Dein Angebot Abhilfe schaffen und die richtigen Lösungen anbieten!

7.4. **Wer ist Stefan Heller**

Stefan Heller ist Trainer, Coach, Speaker und NLP – Lehrtrainer und seit über 20 Jahren im Bereich Weiterbildung und Entwicklung von Unternehmen und Menschen im dreisprachigen Raum Branchenübergreifend aktiv. Neben seinen erfolgreichen Schulungen ist er auch als Autor tätig und hat bereits mehrere Bücher, Lernkarten – Sets, Fachartikel und Presseartikel veröffentlicht.

Mit dem Kernthema „Schaden vermeiden und Erfolge erzielen durch wirksame Kommunikation, ist er in den Bereichen Teamentwicklung, Vertrieb und Führungskräfte – Entwicklung bei seinen Kunden tätig und darüber hinaus auch mit Spezialthemen wie wirksamer Präsentieren oder auch der Moderation von Kundentagen. Zusätzlich hat er als NLP – Lehrtrainer bereits unzählige Ausbildungen zum Practitioner, Master oder Trainer mit begeisterten Teilnehmern erfolgreich abgeschlossen.

Die erfolgreiche Arbeit mit seinen Kunden haben ihm dann auch vielfache Auszeichnungen, Pressemeldungen, TV – Auftritt, Referenzen und Empfehlungen sowie auch Bühnenauftritte bei Kundenveranstaltungen, Erfolg - Veranstaltungen oder Fachmessen wie der Bildungsmesse didacta eingebracht.

Stefan Heller ist verheiratet, hat zwei Kinder, er schätzt den aktiven Austausch mit anderen erfolgreichen Menschen und Experten, mag Musik, pflegt sein Hobby Goldwaschen und genießt es auch zu reisen.

BIG
BANG
FESTIVAL
DEN MITTELSTAND
DIE ZUKUNFT!
-5

7.4. **Kundenstimmen O – Ton** (nur ein kleiner Auszug)

> Stefan Heller ist ein überaus sympathischer und
> menschennaher Trainer und Coach. Er überzeugt
> durch Empathie, entstehende Gruppendynamik und
> jahrelanger Erfahrung. Selbst wenn Inhalte schon
> bekannt sind, schafft er es, diese aus anderen
> Perspektiven zu sehen.
> Ich freue mich auf zukünftige Seminare und
> Zusammenarbeit mit Dir! DANKE :)

> Als ich das Führungskraft-Training gemacht habe,
> wusste ich nicht, was ich von dem Training lernen
> könnte, dann hat Stefan mit seiner lockere Art das Eis
> sofort gebrochen. Die erste Übung war fantastisch,
> lernen, wie man a tolles Ergebnis bekommen kann,
> wenn man als Team arbeitet. Stefan ist ein sehr
> erfahrener Trainer. Es war eine Vergnügung die
> Zusammenarbeit. Ich kann nur 100% Stefan weiter
> empfehlen. Es lohnt sich alles beim ihm.

> Wir haben mehrere Trainigsmodule durchlaufen und
> waren jedes Mal hell(er)auf begeistert. Sowohl Inhalte,
> als auch Methodik und Vermittlung durch Stefan Heller
> ergaben ein rundes Konzept. Professionell, am Kern
> der Sache und mit sehr hilfreichen Praxisbezügen
> wurde das Team geschult und weiterentwickelt.
> Daumen hoch für Stefan, jederzeit gerne wieder.

> Einer der beste Trainer/Coach, den ich jemals erleben
> durfte.
> Hervorragende Methoden und Techniken in
> angenehmer Lernatmosphäre gut verständlich
> verpackt.
> Her Heller versteht es, seine Teilnehmer zu motivieren
> und immer "mitzunehmen". Ich habe mich als
> Teilnehmer und Mensch rundum wohl gefühlt.

Die Seminare sind sehr gut gegliedert und
abwechslungsreich. Es blieb keine Frage offen und
alles was ich in den Seminaren gelernt habe, konnte ich
sofort anwenden.
Ich habe richtig gute Werkzeuge und viel Wissen rund
um Themen wie Kommunikation, Vertrieb etc. erlernen
dürfen und arbeite nun erfolgreicher, selbstsicherer und
entspannter.

> Herr Heller achtet stets auf die individuellen
Bedürfnisse der Teilnehmer sowie auf einen
praxisnahen Bezug. Er gestaltet die Veranstaltungen
so, dass die Inhalte verständlich, umsetzbar und mit
viel Spaß vermittelt werden.
Aufgrund seiner langjährigen Erfahrung als Trainer,
seinem außergewöhnlichen Empathie vermögen und
seinem humorvollen Umgang gelingt es Herrn Heller,
dass die Inhalte sehr schnell verinnerlicht und super
umgesetzt werden. Dazu trägt auch der Einsatz von
interaktiven und spielerischen Trainingsmethoden bei.
Die Wirksamkeit der Trainings können wir in unseren
Arbeitsalltag immer wieder erkennen.
Wir sind sehr glücklich darüber, dass wir in Herrn Heller
einen sehr kompetenten und erfahrenen Coach
gefunden haben, der unsere Entwicklung mit viel
Engagement und Empathie maßgeblich prägt. Wir
freuen uns auf die weitere Zusammenarbeit und
empfehlen Herrn Heller als einen vertrauensvollen
Partner sehr gerne weiter.

> "Wir arbeiten seit einem guten Jahr mit Stefan
zusammen. Die ursprüngliche Intention, einen "kleinen
Workshop zum Thema Kommunikation" zu machen
entwickelte sich schnell zu einer Zusammenarbeit auf
Augenhöhe im Team. Stefan gibt nun Regelmäßig
Workshops zum Thema Kommunikation im Team , mit
Kunden und im beruflichen Alltag. Die große
Zielsetzung den Praxisbezug zu schaffen und dennoch

schnelle und gute "Takeaways" für jeden und jede einzelne Mitzugeben hat bis jetzt immer geklappt. Wir freuen uns, weiter mit Stefan zu Wachsen und gemeinsam zu Lernen wie wir unsere Kundenerlebnisse noch besser gestalten können um perfekte Kommunikation zu nutzen."

➢ "Das beste Verkaufstraining, das ich bis jetzt erhalten haben. Sehr guter Trainer und auch wirklich praxisnah. Kann es nur empfehlen!"

Achtung: Weitere Referenzen auf der Homepage oder gerne auch im persönlichen Kontakt!

7.5. Quellen

- ➢ Kundenstimmen O – Ton aus Referenzen

- ➢ Stefan Heller „Das K-S-V-Prinzip

- ➢ Stefan Heller, Eisenhut, Pargen „Professionelle Kommunikation – Endlich mehr Erfolg im Beruf"

- ➢ Stefan Heller „Erfolgreich und wirksam Präsentieren durch NLP"

- ➢ Shelle Rose Charvet „Wort sei Dank"

- ➢ Bandler, Grinder „Patterns"

8. Nachwort

Du hast jetzt einiges Erfahren und manches war Dir bereits bekannt und anderes neu oder überraschend. Spannend ist, dass es sich bei den Tipps und Inhalten um erlernbare und in der Praxis erfolgreich umgesetzte und erprobte Strategien und Möglichkeiten handelt, die du auch bei mir und anderen nachhaltig erfolgreichen wieder findest.

Deren Strategien und Methoden lassen sich beobachten und identifizieren. Es steckt ein „Erfolgsmuster" dahinter und im NLP kennen wir die Strategie „Modellieren".

Das bedeutet, erkannte Vorgehensweisen herausarbeiten und dadurch multiplizierbar zu machen. Es wird dadurch greif- und erlernbar!

Das Buch bietet Dir einen Blick hinter die Kulissen der wirkungsvollen Fähigkeit, Verhalten, Kommunikation und Tätigkeit, die Dich unterstützt, auf ein weiteres Erfolgs – Level zu kommen.

Wenn Du daran arbeitest und die Strategien verinnerlichst und Ideen und Impulse nutzt, dann wirst du verblüfft sein, welche Dynamik und Feedback durch Deine künftigen Präsentationen, Verhandlungen und Gespräche entsteht.

Bleibe dabei reflektiert, entwickle Dich kontinuierlich und genieße Deine Ergebnisse!

Viel Erfolg, Dein Stefan